新宿駅の小さな店 ベルクは、なぜいつも満席なのか？

熱狂的に愛されるお店・会社をつくる6つの秘密

WHY IS "BERG!" ALWAYS FULL?

6 SECRETS TO MAKE SHOPS AND COMPANIES ENTHUSIASTICALLY LOVED BY CUSTOMERS

中山マコト

現代書林

はじめに

「あれっ、こんなところにお店があるんだ！」

僕が初めてベルクに気づいたときの印象が、まさにこれでした。

ベルクが位置するのは新宿駅ビル、ルミネエストの地下。地下鉄への乗り換えや歌舞伎町方面に出る際に利用する通路に面しています。**距離はＪＲの東口改札から徒歩15秒。**

そう説明をすると、多くの人が「ああ、あそこね」「そこなら通ったことがありますよ」と答えるような場所です。

そして**「その通路はよく通りますけど、飲食店なんてありましたっけ？」という人も多い**です。

新宿駅はギネスが認定した世界一乗降客数の多い駅。１日平均３６４万人（２０１１年時点）が利用しています。

ベルク前の通路も昼夜を問わず、大勢の人々が行き交いますから、通路の反対側を歩いていたら、お店の存在に気づかないくらいです。

そんな不思議な立地のベルク。通路から見える場所には茶色の地に白抜き文字で「おいしいコーヒーをどうぞ」と書かれた看板を出しています。

ベルクはたった15坪の小さな店。しかも店舗の形状がL字型。お店を運営する立場からすれば、実に使いづらい形状です。

でも、**こんな小さなお店に、毎日1500人が来店します。**

セブン-イレブンの平均来店客数は1店舗1000人といわれていますから、ベルクの1500人がいかにすごい数字か、おわかりいただけるでしょう。

「駅ビル内の店だから、お客さまが来るんでしょ」なんて思いませんでしたか？

先ほどもお話ししましたが、**ベルクの場所は非常にわかりづらい。営業をするうえでは、明らかに不利な場所**にあるんです。

そもそも、ベルクがある場所、以前は公衆電話がずらーっと並んでいた場所らしいですから。つまり……飲食には向いていないと、駅ビル自体が判断したわけです。そんな壁を乗り越えての来客数が1500人。実に大した数字です。

ベルクはその1500人に無理なく対応するために、**社員とアルバイトスタッフを、合わせて50人以上抱えています。**このスタッフが基本、3交代制で回っています。**セルフサービスのお店なので、コーヒーは216円、ビールは324円**と価格はお手頃。**家賃（駅ビル内なのでべらぼうに高い）と人件費をこの価格設定で支えきれるのか？　正直……異常です（笑）。**

さらに、ベルクには、200種類以上のメニューがあります。ホットドッグなどのスピード対応が可能なアイテムが中心になりますが、結構、手間がかかるメニューも多い。なのに……全品がテイクアウトできる。これまた……異常。大手チェーンではとうてい無理なサービスです。

さっきから誉めてばかりいますが、ベルクは他のどの店にも似ていません。確実に世界で唯一、もう奇跡としかいいようのない店、それがベルクなのです。

といっても、**ベルクは最初から「特別な店」だったわけではありません。**

押し寄せる現実の中で、迫り続ける危機の中で、次々に発生する問題・課題を超えていく中で、試行錯誤をくり返した結果として今のベルクになった。そしてこれからも、よりお客様に愛される店として変化をしていくでしょう。

その奮闘する姿を、あなたにも知って欲しい。そう思って僕は筆をとりました。

正直、ベルクは儲かっています。

飲食業界の常識である原価率、人件費率からはあり得ないくらい逸脱し、信じられないくらいコストがかかる店であるにも関わらず、しっかりと利益を出しています。

僕も最初は不思議で仕方ありませんでした。でも、それにはちゃんとした根拠があったんです。

あなたがもし、飲食や小売りの店をやっていたり、やりたいと考えていたり、あるいはお店や会社にアドバイスをする立場なのだとしたら……。

ましてや苦労や苦戦している立場だとしたら……。

うまくいく秘訣、困難を乗り越えるチカラ。そういった宝物をつかむためのヒントをベルクはあなたに提供してくれるでしょう。

そして本編でもお話ししますが、**ベルクが存続の危機に見舞われたとき、その存続を願って短期間で2万人の署名が集まったという、お客さまを味方につける秘訣を垣間見ることもできると思います。**


ご挨拶が遅れました。中山マコトと申します。この本は僕の41冊目の著作です。僕自身、「食いしん坊マーケター」と名乗っている通り、飲み食いが心底好きです。なので、実に多くのお店を日々、訪れます。年間、360日、外食です。その僕が、断言しますが、ベルクは本当にユニークなお店です。

僕とベルクの出会いは、ベルクの店長、井野朋也さんが書かれた一冊の本『新宿駅最後の小さなお店ベルク』でした。その本に触れ、本当に居ても立ってもいられずにベルクに向かいました。そして気づくわけです。

「新宿駅を年間500回以上使う僕が、この店の存在を知らなかったという事実」に。

先ほどもお話ししましたが、**僕はマーケターであり、コピープランナーです。飲食業を観察するのも仕事のひとつです。飲食店だけでなく、いろんな人から相談を持ち込まれ、お店や会社のコンサルティングもしています。**

ですが、それ以上に客としてのプロでもあります。これまでちょっと考えられないくらいの飲み食い代を使ってきています。奥さんに言わせると一戸建ての家が何軒も買えたはずだ！　というくらいの金額を注ぎ込んできています。

先ほど紹介した井野さんの本だけでなく、副店長の迫川さんが書かれた『「食の職」新宿ベルク』にも感銘を受けました。

ベルクについて書かれた書籍はいずれもロングセラーになっていますが、**マーケター&コピープランナーで、「客のプロ」の僕だからこそ伝えられる、ベルクの魅力があるのではないか——と考えました。**

いま僕は年間、200日以上はベルクに顔を出しています。通い詰めるなかで、ベルクがお客さまから熱狂的に愛される秘密は、次の6つに集約されると確信しました。

1 毅然としている
2 地元客を大切に
3 全方位対応であること
4 名物がある
5 品質に妥協しない
6 饒舌である

ベルクは唯一無二なお店です。しかし、ここに挙げた6つのうち1つや2つなら、あなたのお店や会社でも実行できるのではないでしょうか。

本書の後半では、ベルクと同じ理由で、成功しているお店や会社を事例として紹介しています。あなたがお客さまに愛されるお店・会社をつくっていくために参考となるはずです。

さて、前置きが長くなりました。そろそろベルク劇場の幕を開けましょう。幕の向こうにどんなベルクが潜んでいるか？　じっくりと楽しんでください。

では……始まりです。

中山マコト

2018年8月

第4章 まるでベルク！　熱狂的に愛される11のお店・会社に学ぶ

第1章

わずか15坪なのに1日1500人が来店する、愛され続けるお店の秘密

ベルクの立地はある意味最悪です。

確かに店前の通行客数は多い。ですがそれは実は、見せかけの数字です。

どういう意味か？　というと、ベルクの店前通路は、〝通過する道〟だからです。

詳しくいえば、ＪＲからメトロの丸ノ内線、都営大江戸線、あるいは副都心線や西武新宿線に乗り換える人、そして、かの有名な歌舞伎町方面へと先を急ぐ人が通る道。

逆からみれば、それらの鉄道からＪＲ新宿駅の東口、あるいは中央東口に急ぐ人。

決してぶらぶらと店を探したり、視線をうろうろさせる人はいない場所です。

ベルクは、15坪の店内に、１日１５００人のお客さまが来店する店として、今でこそ当たり前のように語られますが、実はそれはベルクが血のにじむような努力でつかみ取ってきた実績でもあります。ベルクは決して恵まれてはいないのです。だからこそ、工夫と努力をせざるを得なかった。

本章では、決して立地頼みでも無かった、むしろ不利な条件のオンパレード状態でスタートしたベルクが、どんな考え方で、何をして、今の場所にたどり着いたのか？　その秘密を明らかにしていこうと思います。

君は新宿駅のベルクを知っているか？

ベルクは新宿駅、駅ビルの地下にあるセルフサービスのカフェです。

中核となる商品はコーヒーとパンとソーセージ（ホットドッグ）ですが、アイテム数は多く、アルコールやおつまみも充実しています。

営業は朝7時から23時まで。出勤前にモーニングを食べる人もいれば、朝からビールとソーセージを楽しむ人もいます。ランチタイムはお得なセットメニューが充実しますし、おやつにぴったりのスイーツもあります。17時以降はお酒に合うメニューが登場。まさに飲んでよし、食べてよしのお店です。

店舗の広さは15坪。一般的なコンビニエンスストアの3分の1ほどです。しかもL字型で、大きな柱がドンと2本そびえているので、レイアウトは自ずと決まってきます。

客席はテーブル席と立ち飲みのカウンターがそれぞれ40人から50人分。目一杯詰めても

90人から１００人といったところです。

１日の来店客数は約１５００人。

テイクアウトもあるとはいえ、1時間にほぼ1回転する計算です。

先ほどもお話ししましたが、**セブン‐イレブンの平均来店客数は１店舗１０００人強ですから、ベルクの１５００人がいかにすごい数字か、想像がつく**でしょう。


混んでいるときは隣のお客さまと肩が触れ合わんばかりの状況になります。でも、その混み具合には満員電車のような不快感はなく、むしろ心地よささえ感じます。

見渡せば大勢の人がいるけれど、しっかりと個は守られている。だから、一人でいることが孤独ではない。絶妙なバランスです。


面白いのはギュウギュウに混んでいても、少し待っているとポッと空きができること。

これは回転率のよさに加えて、お客さまによる譲り合いのおかげでしょう。

相席や余ったイスの貸し借りはもちろんのこと、席を探している人がいれば「もう食べ終わるからここどうぞ」と席を空けたり、カウンターに立つ人たちが少しずつ詰めて一人

分のスペースを作ったり、そんな光景が日常的に繰り広げられています。

　誰かに命じられているのではなく、義務感でもなく、そこにいると、自然とそう振る舞ってしまう。このアフォーダンスこそがベルクの魅力なのです。

世界一にぎやかな駅の小さな奇跡

ベルクではセルフサービスのお店とは思えないくらい素材にもマシンにもこだわって、手間暇かけて丁寧にコーヒーを淹れています。

実は、僕はコーヒーが苦手で、喫茶店では一年中、大抵アイスティーを頼みます。それなのに、ベルクのコーヒーだけはおいしく飲めるのです。

「ものすごく高価なのでは?」

そう思った人、いますよね。

でも、先ほどもお話ししたように、価格は一杯216円です。

ハッキリ言って安い。安すぎるくらいです。

これほど高品質なコーヒーをこの価格で提供できるのはベルクが高回転のお店だからです。品質が良いモノをリーズナブルに提供するから大勢のお客さまが集まり、客数が多くて商品回転率が高いから鮮度がよい状態で提供できる。ベルクではコーヒーに限らず、さ

まざまな商品で正のスパイラルができ上がっています。

高品質・低価格・高回転はベルクを支える三大キーワードです。言葉は単純ですが、**この三要素を極めて高い水準で維持しているのがベルクのすごいところ**なのです。これはもう奇跡と言ってもいいいんじゃないかな。

ベルクの店内では、いろいろな人がこの奇跡を味わっています。コーヒーの香りを鼻腔一杯に満たす人、食事と一緒に楽しむ人、本を片手にカップを傾ける人、腕時計をにらんでグッと飲み干す人……。

飲み方も時間の過ごし方も人それぞれです。でも、お客さまの表情を見ていると、一杯のコーヒーがささやかな変化をもたらしているようです。

世界一にぎやかで慌ただしい新宿駅で、「おいしいコーヒーをどうぞ」と誘うベルク。そのホッと一息をつける空間が奇跡なのかもしれません。

メーカーをうならせる現場力

ベルクの正式名称は「ビア&カフェ ベルク」です。

そう、ビールも楽しめるお店です。

実は、僕はコーヒーだけでなく、ビールも苦手（笑）。居酒屋で最初に乾杯するときにはウーロンハイや緑茶ハイを頼んでいます。

そんな僕でも、ベルクだとビールが飲みたくなります。一杯３２４円と安いからとか、銘柄が特別だからとかではありません。基本を大切に、一杯一杯を丁寧に提供してくれるから、格別に美味しい。だから飲みたいのです。

生ビールはサーバーの注ぎ口やホースに汚れが残っていると、ニオイや味が変わってしまいます。メーカーは日々の手入れを推奨しますが、面倒だからと、洗浄作業を疎かにしているお店も少なくありません。

でも、そういうところほど、**一切手を抜かないのがベルクです。**

こんな逸話があります。

ビール担当社員の小林さんは自分の休日と、メーカーの営業さんの来店日が重なってしまったため、別のスタッフに「営業さんが来たら、ホースを交換してもらって」と伝えました。

ホースは年2回交換するのですが、営業さんはホースがキレイだったので、そのまま使えると考えて交換せずに帰りました。

しかし翌日、テイスティングをした小林さんはホースが交換されていないことに気づきます。

ホースは一見キレイでも、内側には水流によって目に見えない微細な傷がつき、そこに徐々に汚れが溜まっていくのだそうです。だから、定期的にホースを交換するのですが、味に与える影響はごくわずか。毎日ホースを洗浄していても、味の変化に気づかないのが普通です。

でも、小林さんはホース交換の重要性を知っていたし、ホースが交換されていないことも見抜きました。「毎日やっていれば、わかるようになります」と、さらりと言うのですが、**メーカーの営業さんも、その鋭敏な感性に驚いた**そうです。

こういうレベルで商品管理ができるのですから、ビールの温度管理やグラスの洗浄なども当然徹底しています。

ベルクは品質管理に厳しいことで知られるギネスビールのパーフェクト・パイント・プログラムの認定も受けています。2010年には品質管理最高責任者ピーター・コール氏が来店し、交流を深めました。店内にはコール氏のPOPが掲示されていますので、ぜひチェックしてみてください。

お店の世界観を表す圧巻フードメニュー

セルフサービスのカフェは差別化を図りにくい業態でもあります。お客さまに注文も配膳もゆだねるため、接客の時間は短く、商品単価も上げにくい。

そこで、ベルクではフードメニューの充実にこだわりました。**「ベルクでしか食べられない」「わざわざ食べに行きたい」、そんなメニューがあれば、飲食店がひしめきあう新宿でも独自の立ち位置を確保できます。**

数あるフードメニューのなかでも定番として安定した人気を誇るメニューはベルク・ドッグ、いわゆる**ホットドッグ**です。チーズなどを乗せたアレンジ版もありますが、基本はパンにソーセージを挟んだだけの、素材の味で勝負するシンプルな逸品です。

パンとソーセージのコンビはコーヒーにもビールにもぴったりマッチ。ビア&カフェの王道のようなメニューです。また、ガラスケースに並ぶ**ロールケーキやマフィン、カッ**

プケーキ、**プリン**といったスイーツはお茶うけにもデザートにもよく、これらは手土産に持っていっても喜ばれます。

さあ、ベルクのフードメニューはまだまだ続きます。**ラタトゥイユ**、**豆のピクルス**、**鶏のナンコツ揚げ**、**五穀米と十種野菜のカレー**……。どれも手作りです。いかにもビールに合いそうでしょう?

キッパーラップや**ヴァイスヴルスト**のような本場顔負けの料理もあれば、**お好み焼きカルツォーネ**、**バインミー風ベジタブルサンド**、**ネパール焼きそばパン**といった国籍超越型メニューもあります。

和風の料理では、**自然卵と五穀米の卵かけご飯**、**大福**、**おはぎ**、**おととせんべい**、**茶葉を醤油でいただく茶葉茶会セット**などがラインナップ。

ビールやコーヒーもよいですが、ここは**純米酒**に合わせたいところです。

純米酒は副店長の迫川尚子さんが趣味で置き始めたのがきっかけで人気が高まり、現在は常時2種類を用意しています。売りきったら違う銘柄を仕入れるので、いつ行っても新鮮な出会いがあるんです。

ワインやチーズも揃っています。ワインは赤白それぞれ2種類を用意。チーズも月替わりで、いろいろなモノを試せます。さらに日替わりのおつまみもあり、取り扱いアイテムは300くらいになるそうです。

商品名を並べてみると、何でもアリのお店に思えてきますよね。

でも、それは半分合っていて、半分合っていません。

固定概念に捉われることなく、いろいろなメニューに挑戦するという意味では、確かに何でもアリです。西洋系メニューはもちろんのこと、純米酒やアジア風の料理も並ぶのは食に対する柔軟な姿勢と美味しいモノを追求する貪欲さの表れです。

でも、何でもよいわけではありません。**自分たちが食べたいと思えるかどうか。品質と価格は自信を持って提供できるレベルかどうか。それを食べているお客さまの笑顔が浮かぶかどうか……。端的に言えば「ベルクらしいかどうか」を大事にしているのです。**商品名を列挙すると雑多に見えるけれど、「ベルクらしさ」という筋が一本通っているから、どんなメニューが追加されても違和感なく調和するのです。

ベルクには何でもある。でも、ベルクらしいものしかない。そう言い切れる商品構成はある種の究極といっていいと思います。

お客さまに愛されて続けて30年

ベルクが産声を上げたのは1970年のこと。現・経営者で店長の井野朋也さんのお父さまが、そのまたお父さま（井野さんにとってはおじいさま）の支援を受けて、駅ビルの地下に純喫茶を開業しました。店名はお父さまが大好きな音楽家シェーンベルクにちなんで命名したそうです。

実は、その場所、**赤電話がずらりと並ぶ公衆電話スペース**でした。今日のように携帯電話が普及する前までは駅や公共施設などでよく見かけたものですが、駅ビルとしては、空地は店舗として賃借するのが最良ですから、**電話が並んでいたということは商売向きの立地ではなかったということでしょう**。

そういった環境ですが、喫茶店ベルクは堅実に営業を続けました。当時はアルコールの提供はなく、華やかなパフェや本格的なピザなどが人気だったようです。お父さまが病気で亡くなったあとは現・会長のお母さまが経営を引き継ぎ、井野さんの弟さん2人もお店

を手伝っていました。

1990年、ベルクは将来を見据えて、フルサービスの喫茶店から、セルフサービスのカフェへと業態転換を図ります。

もちろん紆余曲折があったわけですが、そのあたりは井野さんの著書、『新宿駅最後の小さなお店ベルク』に詳しいので、ぜひ読んでみてください。

さて、井野さんたちは立地条件にふさわしい業態として、セルフサービスのビア&カフェを選択しました。

セルフサービスのカフェは全国に何万店もあります。ドトールを筆頭に大手チェーン店が店舗網を拡大しており、個人経営のお店にとっては相当に厳しい状況です。

昨今はカフェブームと言われ、内外装に凝ったお店や流行のスイーツを出すお店が人気ですが、話題性だけで成立するほど甘くはありません。長年にわたり同じ立地、同じ業態で営業できているカフェや喫茶店はごくわずかです。

そうしたなかで、**ベルクはなぜ30年間も（前身の喫茶店から数えれば50年間も！）、この地**

で営業を続けていられるのでしょうか。

ベルクはなぜ1日に1500人ものお客さまが集まるのでしょうか。

そして、駅ビルから追い出されそうになったとき、お客さまが立ち上がり、2万人もの撤回嘆願署名が集まった。このエピソードについては後ほど詳しく語りますが、なぜこれほどまでの熱狂的なお客さま、リピーターに支えられているのか？

その本質に迫ります。

ベルク
28th
26th

第2章

熱狂的に愛される
お店の6つの秘密

唯一無二。ベルクにはこの言葉がぴったりです。

立地、商品力、人材……。どれを挙げても、他にない魅力と凄みにあふれています。

さて、僕はマーケターです。

「ベルクってすごいお店でしょ」というだけなら、わざわざ本を出す意味はありません。お客さまが来ない、売り上げが上がらないと悩んでいるあなたが、どうすればベルクのように熱狂的に支持されるお店・会社をつくれるのかを伝えるのがマーケターたる僕の役割でしょう。

そこで年間、200日以上ベルクに顔を出す僕が、あまたあるベルクの魅力を自分なりに6つに整理しました。

これから紹介・解説することは、あなたのお店や会社で、すぐにでも実践できるヒントばかりです。

「6つのファクター＝ベルクの魅力の秘密」について考察し、あなたと一緒にその役立て方を考えていくのが本章の役割です。

どうか楽しんでください。

なぜベルクはお客さまにここまで支持されるのか？

ベルクにはたくさんのファンがいます。

ＳＮＳを見ていると、料理や飲み物の写真と一緒に「これがおいしかった」「元気が出た」「ベルク最高！」といったコメントがどんどん出てきます。「ぜひ一度行ってみて！」「これは食べてほしい」といったレコメンドの投稿もあります。

とある熱狂的なベルクファンの女性は、九州に引っ越してもなおベルク愛が止まらず、知り合った人たちに「東京に行くならベルクへ！」と勧めています。実際、その言葉どおりにベルクを訪れた人もいました。

お店としては、こういう熱烈なファンを増やしたいところですが、どうしたらファンになってもらえるのでしょうか。

これ、考え方としては恋愛に似ています。つまり、モテればいいわけです。「また会いたい」と、相手に思ってもらう。それがモテの条件といえるでしょう。

といっても、１００人のうち１００人全員に愛されるのは不可能です。フィギュアスケートの羽生結弦選手はストイックかつ誠実温厚な人柄で知られ、すごい人気を博しています。ところが、その完全無欠なところが苦手だという人がいます。平昌五輪で67年ぶりの偉業を成し遂げ、被災地を勇気づけたあの羽生選手でさえそうなのですから、誰にでも愛されるなんて夢物語に過ぎません。

目指すべきは「誰からも愛される」ではなく、「本命に愛される」こと。

では、あなたは誰にモテたいですか？

あなたは、あなたの会社は、あなたのお店は、どんな人たちに愛されたいですか？

僕はたくさんの企業やお店を見てきて、愛される店や企業にはある共通する秘密の法則が存在することに気づきました。ベルクと出会って、それは確信に変わりました。単なる人気店とか人気企業ではないですよ。ベルクのように、熱狂的なファンがいるお店だけが持っている秘密です。

僕があなたに絶対に知って欲しい、魅力の秘密はこれです。

1　毅然としている
2　地元客を大切に
3　全方位対応であること
4　名物がある
5　品質に妥協しない
6　饒舌である

ではここから、僕が発見した『ベルク成功の6つの秘密』をひとつずつお伝えしていきましょう。

ベルクのように熱狂的に愛されるための6つの秘密

第1の秘密は、自分たちのフィロソフィー、ポリシーを持っている、つまりいつも「毅然としている」ということ。

愛されるお店はお客さまを大切にしますが、お客さまの言いなりにはなりません。

どんな人気店でも絶対にクレームをつける人はいます。でも、それをすべて聞いていてはすぐに運営が行き詰まり、お店は空中分解してしまいます。

ですからいつも毅然と受け止め、毅然と対応しなければいけません。

あなたの周囲のモテる人もそうでしょう。彼ら彼女たちは決して媚びるようなことはせず、むしろ凛とした姿勢に好感が持たれているはずです。

これが、愛されるお店・会社のいちばん大切な条件だと思うのです。

第2の秘密は、地元客を大切にしていること。

地元といっても、ベルクの場合は新宿駅という巨大商業集積地のなか。近隣の住人はほぼいませんが、**毎日のように駅を利用する人、駅ビルの関係者、駅周辺の従業者、そして僕のようにベルクに惚れて通う人など、実に多種多様。ですが、このすべてがベルクにとっては地元のお客さま**ということになるわけです。

このメインターゲットにどんな商品やサービスを提供すれば喜んでもらえるのか。どうすればリピーターになってもらえるのかを、突き詰めて考えないといけません。

どんな業態であれ、愛されるお店は地元のお客さまを大切にしています。そして、ここがすべてのビジネスの起点となります。

第3の秘密は、全方位対応であること。

ベルクは世界一の駅ビルの利用者という壮大なターゲットを相手にするわけですから、メニューも広げなければいけないし、オペレーションも一筋縄ではいきません。スタッフの数だって、たくさん必要になります。

ベルクにはスタッフを減らして、手を抜くという発想はないので、どうしても目いっぱいのスタッフが必要です。さて、そうなると、キッチンは何人ならぎりぎり入る？　人件費はどうなる？　とさまざまな問題が生じます。これをクリアしての全方位サービスですから、お客さまは喜ぶわけです。

お客さまのために手を抜かずに、**お客さまの声に応えて全方位で取り組む姿勢は、大きな魅力としてお客さまに自然と伝わっています。**

第4の秘密は、圧倒的な名物があること。

世の中にはモノがあふれ、大抵のモノはどこでも簡単に買えます。だからこそ、**「これじゃなければダメ」「あのお店じゃなければ買えない」といわれるモノに価値があるのです。**

モノだけの話ではなく、コト、つまりサービスでも同じです。ここしかないモノやコトは、やはり強いのです。

さて、ベルクです。ベルクには複数の名物があり、その名物が多数の熱狂的なファンを持っています。強いわけですね。

第5の秘密は、絶対に品質に妥協しないこと。

ベルクには迫川尚子副店長という、天才的な味覚の持ち主がいて、彼女のフィルターを経た料理、ドリンクを提供します。迫川尚子がNOの商品は絶対に出しません。

では彼女がOKを出せばメニューに載るかといえば、そうではありません。

実はベルクでは、新メニューに関しても、オールスタッフが意見を言います。

井野さん以下、店にいてお客さまと向き合う中で培ってきた経験を活かし、遠慮なく、「ベルクだと、これはよい」「ベルクなら、これは無理」と意思を伝えます。

商品の品質において絶対妥協しないこと。それが「ベルクなら間違いない」とい

う安心感と信頼を生むのです。

そして第6の秘密は饒舌であること。

一生懸命に喋りなさいということではないですよ。

自分たちが何者で、何のために商売をしているのかをきちんと説明しましょう、ということです。

そのメッセージが響いた人はお店を愛してくれますし、否定的に受け止めた人は寄ってきません。

小さなお店や会社こそ、饒舌に語って立ち位置を明確にすることが重要です。熱狂的に愛されるためには、必須といえます。

これら6つの秘密をすべて備えているのがベルクなのです。

あなたのお店や会社で実践できるように、さらに秘密を解き明かしていきましょう。

第1の秘密

ベルクは、毅然としている

「お客さまは神さまです」

この意味を正しく理解していますか？

これは昭和の大歌手、三波春夫さんが、舞台に立つときは神事のごとく静謐《せいひつ》な心持ちで臨むべきという、演者の心構えを語ったものです。お客さまは神さまだから何でも言う通りにしなければならない、という意味ではありません。

もちろん、お客さまの声には真摯に耳を傾ける必要があります。お客さまの不便や不満には早急に対応する必要がありますし、何気ない会話からニーズを汲み取れることもあります。だからといって、**お客さまの言う通りに、盲従するのは誤り**です。

お店がすべきことは、お客さまの言葉を受け止めること。

受け止めた言葉が他のお客さまにとっても大切で、お店として必要だと思うならば受け

入れればいいし、そうではないものは受け流せばいいのです。

では、何を受け入れて、何を受け流すべきか。

ひとつ事例をご紹介しましょう。

■ベルクは「ナンパ禁止」

ベルクはお客さま同士が言葉を交わすことが多いお店です。

相席の確認のために「こちら、空いていますか?」。

カウンターで詰めてくれたら「ありがとうございます」。

通路ですれ違うときは「すみません」。

そんな何気ない一言が、ベルクのよい雰囲気を醸成しています。

いっぽうで、お客さま同士の距離が近いがゆえの悩みもあります。他のお客さまへ必要以上に話しかける人の存在です。

とくに女性客は話しかけられやすいもの。声をかける側に悪気が無くても、せっかくの「ひとりの楽しい時間」を邪魔されるのは不快ですし、なかには、しつこい声がけに恐怖感を覚える人もいるでしょう。

女性が一人でもお酒を楽しめるお店を目指すベルクとしては、なにかしらの対策が必要でした。

そこで**「ナンパ禁止」のＰＯＰを貼り出します。**

大方の反応は好意的でしたが、一部のお客さまから「少しくらい会話したっていいじゃないか」「僕はベルクで隣り合った縁で彼女と付き合い始めた。禁止はひどい」といった意見も寄せられました。

これもまたお客さまの声ですから、無視はできません。でも、相反する言い分を両方とも聞き入れることは不可能です。

ベルクは自分たちが正しいと思う道を選びました。

ナンパ禁止のＰＯＰは現在も掲げられています。**相変わらず反対意見は寄せられるそうですが、そういうお客さまには禁止のＰＯＰを貼っている理由を丁寧に説明するそうです。**

相手がお客さまでも、譲れないところは譲らない。毅然と向き合う。

それがベルクです。最近（２０１８年夏）には、こんな、遊び心あふれるカードたちも登場しました。

相席どうぞ
BERG
追加
オーダー中です。
一人にして下さ
Please Don't Talk To Me!

■愛煙者と禁煙者

さて、もうひとつ、別の事例をご紹介しましょう。こちらは店内の喫煙の可否を問うもので、テーマとしてはかなり深刻です。

ベルクでは現在、エリアを分けて喫煙をOKにしています。

ざっくりいえば……開業以来ずっと喫煙可でしたから、愛煙家のお客さまもいます。

禁煙にすればお店は汚れないし、灰皿も洗わなくてよくなるという、お店側のメリットはあります。公共の施設での禁煙が増える昨今、店内を禁煙にしてほしいとのお客さまの声も多数寄せられています。

しかし一方で、**喫煙者にも吸う権利があります。だからこそ、吸う人には周囲に配慮し、煙を最小限にしてください……というのがベルクのスタンスです。**

ただ、近ごろは愛煙家よりも嫌煙者の声の方が大きく、かなり厳しい言葉で完全禁煙を要求されることもあるそうです。「煙いから、ベルクには行かない」という人もいます。ですが店長の井野さんはこう言うのです。「来たくなければ、他に行ってください」と。

お客さまが減ることはお店としては怖いことですし、クレームを突き付けられて気分がよいはずはありません。

しかし、井野さんたちは自分たちが考える正義や信念を安易にねじ曲げることの方がよほど怖いと思っているのではないでしょうか。その信念と覚悟が人々を惹きつけるのです。

誰に対しても決して媚びないから、ベルクは愛されるのです。

ベルクの喫煙に関する考え方は、ここに詳しく書かれています。ぜひ触れてみてください。 https://norakaba.exblog.jp/14086082/

あなたが飲食店をされているのであれば、喫煙問題は他人事ではありませんよね。

■強烈なこだわりが、お店・会社の個性になる

さて、ここでターゲットの話をしましょうか。

僕はマーケティングを専門にしていますが、「成功したければターゲットは絞れ!」と、

指導させていただく飲食店さんには言います。「絞れば絞るほど良いのだ！」と伝えます。

それに対して、「だとしたらベルクは、いろんな人をお客さまにしているじゃないか！　おかしくないですか！」という方がいます。

確かに一瞬、「そうだな」と思うかもしれません。が、僕の返事はこうです。

「ベルクは、駅ビルの利用者、という一点にターゲットを絞り込んでいるんですよ！」

ベルクの場合、膨大な数の、そして信じられないくらい多様なお客さまが日々、訪れます。

当然ながら、例えば、何時から何時までの時間帯のお客さまだけとか、30代の男性サラリーマンだけ、のような設定はできません。駅ビルの利用者とターゲットを決めた時点で、どうしても最大公約数の経営にならざるを得ないんです。

多岐にわたるお客さまをすべて〝そこそこ〟に満足させるのでは、結局、どっちつかずの、中途半端な店になってしまいます。

そこに、強烈な色を与えているのが、**お客さまの属性や、飲食の好みに左右されない、「強い意志」という一貫した軸であり、「強烈なこだわり」という通底した考え方です。**

そしてその結果として、共感してくれる人とだけ、歩調を合わせて生きていこう！　ベルクはそう決めるしかなかったんですね。

あちらを立てればこちらが立たずではなく、あえてどちらかを立てて、どちらかを立てない。この生き方がベルクに強烈な個性を与えているんだと思うんです。

これを一言でいうと、「毅然としている」となるわけです。

第2の秘密

ベルクは、地元客を大切にする

情報誌に割引クーポンを掲載したり、ネットに広告を出したり、新規客の取り込みに熱心なお店や会社も多いです。

美容室では激安クーポンが新規集客の定番になっていると聞きます。

でも、ちょっと待ってください。

広告費をかけて値引きしてまで呼び込んだそのお客さまは、再来店してくれますか？

商機をつかむ努力は大切ですが、とらえるべき潮流を見誤っては本末転倒です。客層が変わったせいで常連客が離れていったお店、僕は山ほど知っています。

新規顧客開拓にばかり気を取られて、目の前のお客さまを蔑《ないがし》ろにしたために潰れたお店も、いくつも知っています。

本当に大切にすべき相手は誰なのか。ベルクは明快な答えを持っています。

新宿駅は乗降客数が世界一ですが、実は、大多数は通勤や通学のためにルーティンで利用する人たちです。住民票こそ他の地域にあっても、週5日間、1日の大半を新宿で過ごす彼らは、地元住民のようなものです。

ベルクのメインターゲットはそんな地元の人たちです。通勤前に目覚ましのコーヒーを飲む。ランチタイムにお弁当をテイクアウトする。仕事を終えたらビールをひっかけて帰路につく。夜勤明けにおいしい純米酒にありつく。そんな利用を想定しているお店です。

■お店・会社の「空気」は、お客さまがつくる

地元客は繰り返し利用してくれます。浮動客がターゲットだと、常に広告宣伝を続けなければなりません。

地元のお客さまは一度気に入れば、かなりの確率でまた立ち寄ってくれるものです。

だから、ベルクには常連さんが多い。店頭ですれ違うと「おはよう、帰りに寄るよ」と

声をかけられることもあるそうです。セルフサービス業態ゆえに、名前や職業を知る機会はほとんどありませんが、スタッフには「夜7時ごろに来て、あのメニューを頼む人」という情報はインプットされています。

それゆえ、ごくたまにしかオーダーが入らないけれど、メニューから外せない料理があるそうです。

オーダーするお客さまの顔がわかるので、「あの人が楽しみにしていると思うと、やめることができない」のだとか。そのくらいの思いで迎えられれば、お客さまだって気分がいい。また食べに来ようと思うのは当然でしょう。

お店の空気は意図的に作れるものではなく、そこにいるお客さまとスタッフによって自然と醸し出されるもの。お客さまが変われば、お店の空気が変わるのも当然でしょう。

ベルクがベルクで居続けられるのは、プライオリティーが変わらないからです。

毎日顔を合わせる地元客を大切にするから、ベルクは愛されるのです。

あなたのお店や会社ではいかがですか？

きちんと地元のお客さまと向き合っていますか？

お客さまがこない、このままじゃ売り上げが……、集客だ、宣伝しないと、とつい焦りが先行していなければよいのですが。

いつも顔を見せてくれる人、注文を出してくれるお客さまを思い出してみてください。

第3の秘密

ベルクは、全方位対応である

ベルクのメニューは、かなり多いです。

例えばホットドッグを取り上げてみましょう。

まずは定番のベルク・ドッグがあります。おいしいパンと素晴らしいソーセージのコラボが絶品です。が、そこにベーコンドッグがあったり、ブルーチーズのホットドッグがあったり、はたまたチリドッグがあったりします。

それにビッグドッグといって、大ぶりのソーセージが入るビッグサイズもあれば、最近ではぜいたくドッグといって、おいしいトッピングてんこ盛りのホットドッグも出ました。これ、ボリュームたっぷりで実にありがたい。

そしてこのホットドッグを中心に添えたホットドッグブランチというセットがあります。これまた廉価でありがたいし、目玉商品の一つです。

午前中にベルクに行ってみてください。モーニングセットが幅を利かせています。しかし、それも自慢のパンを中心に、いろんな組み合わせがあります。モーニングセット、モーニングミール、モーニングプレート。基本のメニューはこの3つが中心ですが、どんなドリンクと組み合わせるか、あるいはさらにどんなトッピングを添えるか、によって大きくそのバリエーションは広がります。

そもそも、ベルクのトッピングメニューはオフィシャルなもので30個以上。それに「え？　これ乗っけるの？」というお客さまのわがままトッピングまで加えると、それはもうものすごい数になります。正直、把握できません。

ベルクのメニューは基本、掛け合わせが可能です。

僕が最近お気に入りのデザート、ロールケーキがあるんですが、これ、本来は味の異なる6種類のロールケーキです。が、欲張りで食いしん坊な僕はある時、このケーキをいくつか重ねて食べてしまいました。おいしくて倒れそうでした。で、その話を副店長の迫川尚子さんに話したら……迫川さん、作っちゃいました。『天使と悪魔のケーキ』。つまり、6種類を好きなように組み合わせてみてください、ということですね。

それからベルクの隠れた人気商品（あんまり隠れてませんが）に卵かけご飯があります。

メチャメチャおいしいです。とくに「味の形スペシャル」という卵かけご飯はすごいです。

これ、迫川さんのインタビューがまとめられた書籍『味の形』で語られた食材を、卵かけご飯にまとめたもの。

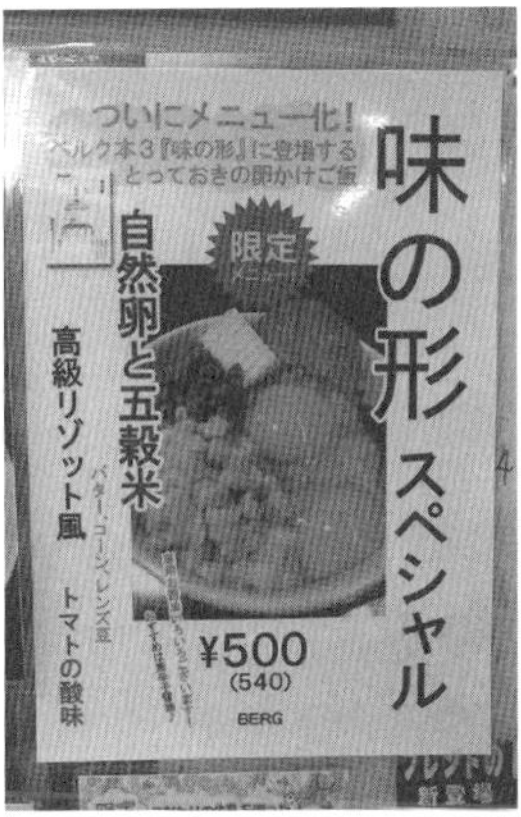

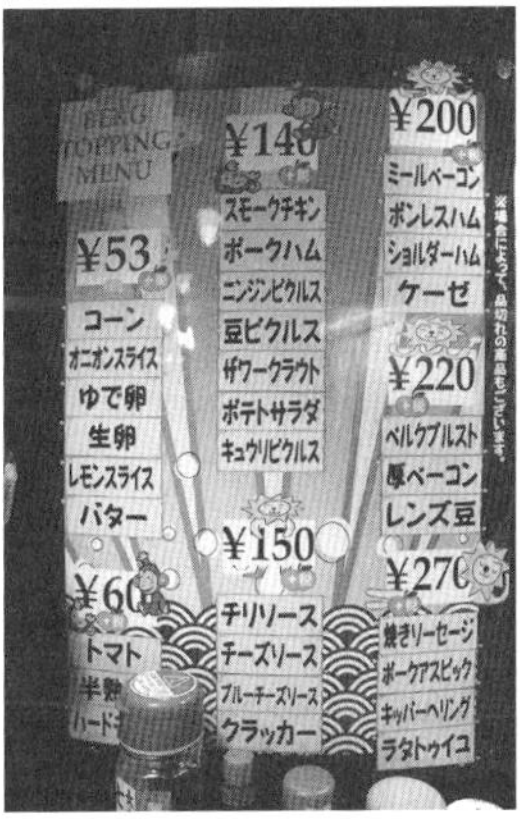

五穀米の大盛りご飯に、自然卵が2個。さらにバター、コーン、レンズ豆、トマトがトッピングされた、全部のせ的スペシャル卵かけご飯。

究極の組み合わせメニューです。

■お客さまに自由に使ってもらえる全方位性

もちろんお店からの提案もありますが、逆にお客さまが「自分の食べたいものを自由に作る」というニュアンスの方が近いかもしれません。

この自在性がベルクの真骨頂。足を運ぶたび、回を重ねるごとに、あれを食べたい、これも食べたいと、食いしん坊の血が騒ぎ、結果、新たな組み合わせを楽しんでしまうわけです。お客さまを楽しませてしまう自由さ。これこそが冒頭でもお話ししたベルクの全方位性を形作っているんですね。

あなたのお店や会社ではどうでしょう。お客さまの声をすくいあげて商品やサービスを工夫していますか？　思考を固定化していないでしょうか？　常識的な枠にとらわれず、商品やサービスの幅を広げてみてはいかがでしょう。

第4の秘密

ベルクは、名物商品を持っている

無性にあの店のアレが食べたい。

代替品や類似品ではダメ。

アレ以外は受け付けないぞ……。

お客さまにそう思わせる商品を持っているお店は強いです。はじめはその商品を食べるためにお店へ行くのですが、やがて気がつくと足が向くようになってしまいます。一種の中毒症状といってもいいかもしれません。

ときには知人友人を連れ立って行きますし、あげくのはてには周囲との会話のなかにもお店や商品の話が出てくるようになります。

そんな風に思わず語りたくなる名物商品には2種類があります。

まずは「あのお店に行ったら、ぜひアレを食べておけ」と言いたくなる代名詞のような商品です。『中本』の蒙古タンメン、『すずや』のとんかつ茶漬け、『凪』の煮干しラーメンなどが挙げられます。

これに対して、三陸料理と銘酒、浦霞で勝負する新宿の『樽一』や、大分料理で知られる赤坂の『とど』の場合は、ぜひ食べてほしい逸品もありますが、いくつもの商品を包括して「あのお店らしい味」を持っているので、「とりあえず行ってみて！」と勧めたくなります。

ベルクは後者のタイプ。

先ほども登場した、店名を冠したベルク・ドッグはベルクを象徴する商品ですから、もちろん食べてほしい。でも、ベルク・ドッグ以外にも魅力的な商品がたくさんあって、どれもベルクならではの、他のお店では食べられない逸品です。**僕がいちばん困る質問は、「ベルクでは何を食べたらよいですか？」です（笑）。**

■他ではない商品・サービスにお客さまは引き寄せられる

そんなベルクの味を支えているのが、コーヒー・ソーセージ・パンの「三大職人」です。

コーヒーの職人はサンパウロコーヒーの久野富雄さん。コーヒーは豆の種類やブレンド、焙煎、挽き方などによって味が大きく変わりますし、同じものを使っても抽出するマシンによっても変わります。ベルクで提供するコーヒーは、ベルクに置いてあるマシンでいちばん味わい深くなるように、最適化したもの。この味にたどり着くまでには相当な苦労があり、何度も試行錯誤を重ねたそうです。

また、いつも同じ味を出すために、コーヒー担当の今さんはテイスティングしながら、マシンを微調整するそうです。コーヒー嫌いな僕が唯一美味しく飲めるベルクのコーヒーは職人さんとスタッフの共同作業によって生まれたものでした。

ソーセージは東金屋の河野仲友さんから仕入れています。きっかけはベルクのスタッフが見つけてきて、お店にお土産として差し入れたポークアスピック。柔らかな豚肉をゼラチンと生クリームでまとめあげたクリーミーな味わいの料理です。これを食べたとき、井野さんや迫川さんはあまりの素晴らしさに思わず、よろめいたそうです。

さっそく、東金屋さんに連絡を取り、何度も交渉を重ねて卸してもらえることになりました。ソーセージなどの食肉加工品は増粘剤や保存料などの添加物が入っているものがほとんどですが、河野さんはそれを良しとしません。日持ちはしなくても、添加物を使わずに、塩の加減だけで美味しいソーセージを仕上げられるのは肉の扱いに長けた河野さんだからです。まさに職人の技なのです！

そして、**パンの職人は峰屋の高橋康弘さん。**パンはカフェメニューに欠かせない食材ですから、何度も試食を重ねて、理想のパンを探しました。過去には別のパン屋さんから仕入れてきましたが、そのパン屋さんが工場生産となり、仕入れ先を切り替えざるを得なかったこともあったそうです。素材の配合が同じでも、製法でまったく違う味になる。パンは思った以上に繊細な商品なんですね。

現在、ベルクで扱っているパンはすべて高橋さんから仕入れています。ベルク・ドッグ用のパンは河野さんのソーセージに合うように、特別に開発してもらったもの。今ではほかのコンビネーションなど考えられないくらいのベストマッチです。

三大職人がいるからこそ、あの圧巻のメニューが成立しています。一見するとバラバラでも、全体としてはきちんとまとまっている。ベルク以外では出会えない味ばかりですし、あの味を求めてベルクに行きたくなります。

このように、**他にはない名物商品を持っているから、ベルクは愛されるのです。**

「他のお店ではダメ」「あの会社に頼まないと……」という商品やサービスを、あなたは持っていますか？

ベルクはこれらの名物を手に入れるために、たいへんな苦労をしています。その経緯は店長の井野さんの著作に詳しく書かれています。

名物商品・名物サービスと自信を持っていえるものがまだないのなら、いますぐ探し始めてください。あなたが一生をかけてでも見つけるべきものです。

第5の秘密

ベルクは、品質に妥協しない

いうまでもありませんが、安心安全を言い切れない店・会社は絶対に残ることはできません。大手企業では偽装や改ざんの不祥事が続きましたね。開いた口がふさがりません。安心安全をハッキリと謳うには、提供する側に、キチンとした尺度が必要になります。「これはいいけど、あれはダメ」という線引きが必要なんですが、みんなそれを持てない。もしくはブレてしまう。だからおかしくなるんです。

ですがベルクにはブレない尺度があります。それは、ベルクの味を決める司令塔、副店長の迫川尚子さん。

ベルクの副店長でありながら、プロのカメラマンでもあり、彼女が撮る新宿は、まさに新宿らしい新宿。街の片隅を切り取った写真でも、「あ！　ここは新宿だ！」とわかる一葉を見せてくれます。

本書のカバー写真も迫川さんに撮ってもらいました。

さて、その迫川さん。ちょっと信じられない特技というか、才能の持ち主です。

そう、迫川さんの舌は、化学調味料や保存剤といった混ざりものを瞬時に見分けます。ピュアなものだけを選び取ります。

ベルクの副店長として書いた、『「食の職」新宿ベルク』。彼女の特技については、この本に詳しく書かれています。個人店がどうやって生き抜いていくのか？　どうすれば大型店の波、チェーン店の流れに負けずに生き抜いていけるのか？　実に大きな示唆を与えてくれる一冊でもあります。


商売柄、さまざまな業者さんから、「ベルクでこの商品を扱ってくれませんか？」という試食、サンプルの持ち込みは引きも切らずあります。


で、迫川さんは試食をします。

すると、ほとんどの商品で、気持ち悪くなったりするわけです。添加物で胃がやられてしまうのです。それほど、私たちの身の回りの食品には、さまざまなものが含まれているんですね。

けれども**持ち込んできた業者さんは自信満々。「どうでしたか？」と気軽に聞いてきます。**

迫川センサーは、サンプル食品に使用されている混じり物を見逃しません。異分子を見分けます。そして、業者さんに指摘します。

自分たちが食べたいものしかベルクに置かない。これは揺るぎません。

■「こうあるべき」という姿がおのずと品質のラインを決める

ベルクは、ベルクの新作メニューを開発するとき、業界中の商品をのきなみ試食するといいます。迫川さんを中心に、ありとあらゆる既存品を食べて、食べて、食べまくるのです。市場の商品を徹底して調べる。売れ筋や価格、味がどうだったかなど、記録をとります。

そのなかで、ベルクの商品はこうあるべき！　という姿がおのずと決まってきます。

ベルクの商品開発は、迫川尚子さんがすべてを決めるお店か？　というと、決してそうではありません。井野店長も語っている通りに、「アルバイトも含め、みんなで創ってき

た店」です。

　というか、アルバイトこそが主役の店と言ってよいかもしれません。

　ベルクは常に新たな商品を投入します。そしてヒットさせてきました。実はそんな商品の多くは、社員からの発案です。それをアルバイトの面々も一緒になって試食し、意見を出し合って完成させていきます。

　というか、アルバイトスタッフの意見をこれほど取り入れる店も珍しいですし、アルバイトの意見が重要な部分を担っているといってもよいでしょう。

　商品開発においては、みんなで企画会議のようなミーティングをします。そこで出る意見はかなり辛辣なものもあるようですが、そこに妥協はありません。

店長の井野さんのアイデアであろうと、迫川さんのアイデアであろうと、スタッフの強烈な意見でつぶされることもあります。

そもそも、ベルクは賄《まかな》いとして、通常のメニューを食べてよいシステムになっています。

ベルクのアルバイトさんは、ベルクの料理をお客さまの立場で熟知しています。アルバイト＝常連客でもあるんです。かなり手ごわいです。

しかも、お客さまに混じって、店の一角でこっそりと食事をしたりもします。つまり、お客さまの声もよく聞いています。

そんなこんなで、ベルクのメニュー開発や新サービスは、「ベルクの品質」を熟知したスタッフが担っているのです。

スタッフ＝お客さま。スタッフ＝発案者。そうしたボーダレスなスタッフィングが、ベルクの強みをさらに強固なものにしているんですね。

第6の秘密

ベルクは饒舌である

ベルクの壁はまるで余白を嫌うかのように、店の中も外も何かしらの情報で埋め尽くされています。

自動ドア付近にはベルク・ドッグの大判ポスター、モーニングセットやビールを紹介するパネル、ビアチケットや今月のワインを紹介するＰＯＰなどがずらりと並びます。

通路の奥の入口に向かう外壁には光源付き看板が設置され、写真付きメニューとベルク三大職人の紹介写真が、文字どおり光り輝いています。

その下には棚があり、ベルクロゴをプリントしたオリジナルのＴシャツやマグカップなどのグッズ、芝居やコンサートなどのチラシが置かれています。

とても賑やかな外観ですが、通路から見て最も目立つ「おいしいコーヒーをどうぞ」の看板の下には、いつも季節の花が活けられています。慌ただしく人々が行きかう通路に咲く花の瑞々しい息吹には心がなごみます。

さて、店内。

これまた賑やかです。レジ横の棚にはコーヒー豆や菓子やパンなどの商品が百花繚乱。対面のガラスケースには純米酒やワインの瓶が鎮座しています。

もちろん壁面は上方にも目線の高さにも手元にも膝元にもメニュー&ＰＯＰ。一人で飲んでいると、そのＰＯＰたちが「いまはこれがおすすめ」「これもあります」と語りかけてくるようです。

一人でいても孤独じゃない感覚は、こういったところからも生まれているかもしれません。知らず、店と対話しているかのような、ね。

店内の壁は月替わりのギャラリーです。

ジョン・レノンの楽曲で知られるフレーズ「War is over」を各国語に訳したポスターだったり、伝統の藍染工法を紹介する写真やパネルだったり、他ではちょっと見られないユニークな切り口の写真やアートを展示しています。

■お客さまへのラブレター

そして、忘れてはならないのが1994年から続く手作りの新聞『ベルク通信』とホームページです。

記念すべき第1号には「これでもかと店内にはこっち向いて～こっち向いて～と誘うPOP達の嵐の中、それでも物申すとしゃしゃり出たベルク通信第1号」とあり、「息抜きに、ヒマつぶしに」読んでほしいと勧めています。

確かに、ベルク通信を読みながらコーヒーを飲んでいる人も多いですし、プリント版を持ち帰って電車の中で読む人もいるでしょう。

記事で多いのは商品紹介やギャラリーの展示内容の解説ですが、酒税法の解説や店長による社会派ネタなどもあり、バラエティーに富んでいます。

読者のなかには「ノラカバさんのマンガが毎回気になる」「愛染さんの記事は全部とってある」「市原さんの海外ビール事情が面白い」と、好きな社員の作品を心待ちにしている人もいて、さながらアイドルのファンクラブ通信のようです。

一方、ホームページは当時アルバイトだった宮崎さん（現在は社員）が作成したもの。店舗がホームページを持つのがまだ珍しい時代に、宮崎さんは「個人店だからこそホームページを持つ方がいい」と提案し、店長の井野さんは「よくわからないけれど、やってみて」と応じたそうです。

現在、このホームページは情報発信の場であると同時に、井野さんや迫川さんをはじめとする関係者の個人ブログやＳＮＳへの導線としても機能するポータルサイトのような役割を担っています。

このようにベルクはあらん限りの場を使って、お客さまに語りかけています。オススメの商品、定番商品がとびきり美味しい理由、食材の作り手の思い、お客さま同士が気持ちよく過ごすためにお願いしたいこと、ベルクのスタッフが日々思っていること、お客さまへの感謝の思い……。

そう、これはベルクからお客さまへのラブレターであり、書かれていることはベルクのフィロソフィーそのものです。

店舗の内外にフィロソフィーがあふれているから、それを好ましく思う人にとっては心地よく、どんどん引き寄せられます。その反対に苦手だと思う人は遠ざかっていくことでしょう。

ベルクのフィロソフィーに共感する人だけが集まるから、ベルクはますます居心地の良いお店になっていきます。ベルクは饒舌。だからこそ、お客さまに愛されているのです。

ベルクのようにお店の内外を情報で埋め尽くすのは、業種が違えば真似することは難しいかもしれません。

しかしホームページやSNSなら誰でもできます。でも、ついついありきたりの内容や、商品・サービスの紹介だけになっていませんか？

あなたと同じ業種のお店や会社は、星の数ほどあります。そのなかからお客さまに選ばれるには、あなたの思いを饒舌に訴えないといけません。

しゃべり過ぎるほどしゃべって、やっとお客さまに届くかどうか、です。熱狂的に愛されるには、欠かすことのできないことのひとつです。

FOOD POCKET
BERG

第3章

お客さまに愛されている証拠は「2万人の署名」

ここまで述べたように、ベルクは唯一無二のお店に進化を遂げ、お客さまに愛されるお店となりました。

しかし、危機は突然に訪れます。

それは「理由なき立ち退き勧告」です。

お店の存続を揺るがす大事件に対し、ベルクはどのようにして克服したのか――。

個人経営のお店が大企業に対抗する。普通に考えれば勝敗が決まっています。

奇跡の大逆転勝利を呼び込んだのは、ベルクを応援するお客さまの思いです。

お客さまを味方につける！　これがこの章のテーマです。

その奇跡の逆転劇はこうして起きたのです。

駅ビルのお店を襲った最大の危機

１９９０年にセルフサービス方式のお店として、新たなスタートを果たした「ビア＆カフェ　ベルク」。

最初は社員の愛染さんが店内で逆立ちするほど（！）ヒマだったそうですが、**お客さまがほとんど来ない厳しい状況に耐えつつ、新メニューを開発したり、ＰＯＰを作ったり、ベルク通信を常連客に郵送したり、壁でギャラリーを始めたり……。地道に積み重ねてきたことがすべて、いまのベルクへとつながっています。**

そんなベルクを襲った最大の危機が立ち退き問題です。

この問題はテレビでも取り上げられたので、ご存知の方も多いと思います。詳しい情報は井野さんの著書やベルクのホームページをご参照いただくとして、ここでは何が起きたのかを簡単に説明しましょう。

2006年4月、ベルクが入居する駅ビルがマイシティからルミネエストに変わりました。新しいオーナーはJR東日本の子会社・ルミネです。

ベルクは駅ビルと普通借家契約を締結していましたが、新オーナーのルミネから、2年間の定期借家契約への切り替えを提案されました。

ざっくりいえば、普通借家契約は自動更新が可能な契約形態で、借主であるベルクが営業を続けたいと思えば継続することができます。いっぽう定期借家契約は更新がない契約形態のため、定期的に満期を迎えます。

そのつど、改めて契約できればよいのですが、貸主であるルミネが再契約に応じなければ、ベルクは営業を続けたくとも撤退せざるを得なくなるのです。

お店の生殺与奪権をルミネ側に握られることに不安を覚えた井野さんと迫川さんは、**契約の切り替えに応じられないことを伝えます。すると、ルミネ側はあからさまに態度を強めていき、立ち退きを迫るようになりました。**

他のテナントも、ベルクと同じく、契約を切り替えるように提案されています。定期借家の意味を十分に理解した上での判断かどうかはわかりませんが、**200以上あるテナントのうち、ベルクを含む4店舗を除いた、ほとんどのテナントが言われるがままに契約を切り替えました。**

そのなかには「ベルクさんには負けないでほしい」と言い残して去っていった人もいました。

■わずか15坪のお店を守るために、2万人が署名

2007年11月、ベルクはベルク通信やホームページで立ち退きを迫られていることを公表します。

これを見た**常連客からは心配や励ましの声が寄せられました。自主的にブログ『LOVE! BERG!』を立ち上げて、ベルクへの応援メッセージを集め始めたベルクファンもいました。**

翌年1月、店頭に「ベルクの営業継続を求める請願署名」の用紙を設置。お客さまの支援もあって、**署名の輪は日本全国に広がり、最終的になんと約2万人の署名が集まりまし**

た。わずか15坪のお店を守るために、これほどの人たちが行動を起こすとは、誰が想像できたでしょうか。

2万人の署名というのは、実はすさまじい数です。だって、15坪の飲食店ですよ。

かつて、2020年夏季オリンピックの種目から除外されたレスリングの存続をIOCに求め、日本レスリング協会が中心となって行った署名活動があります。

このとき、約2カ月半で1万人という数でした。

駅ビルの中の小さな個人店が集めた2万人の署名。いかにすごい数かが、おわかりいただけたでしょうか?

その後も立ち退き勧告は続き、脅しともとれるような発言や嫌がらせのような出来事もありましたが、やがて騒動は決着のときを迎えます。

ベルクの普通借家契約は2年ごとに更新します。2008年の更新時期には初めての退店勧告があり、その2年後の2010年にも同様の文書が届きました。

しかし、ベルクには貸主から契約解除されるような問題点がなく、勧告を受け入れる義

務がないので、契約はそのまま更新されてきました。

そして2012年、ルミネから文書は届きませんでした。その後も現在に至るまで届いておらず、契約は自動更新されています。

5年間にわたる立ち退き問題はこうして終結したのでした。

個人店がなぜ大企業と闘えたのか

立ち退き問題の転機は、ベルク自ら何が起きているのかを広くお客さまに語ったことでした。

ベルクの一大事を知った人たちは、自分たちにもできることをやろう、と立ち上がります。常連客には著名人やメディア関係者も多く、彼らは大企業による一方的な勧告を問題視して、広く情報発信しました。

最初からそうなることを期待していたわけではありません。**むしろ公表すべきかどうか、相当迷ったそうです。立ち退きというネガティブな言葉を聞いて、「騒動の渦中にいるお店とは距離を置きたい」と思う人がいてもおかしくないからです。**

しかし、すでに事態は表面化しつつあり、**興味本位のウワサが広まる前に、自分たちで正しい情報を発信する方がよいと判断しました。**

これこそがベルクならではの姿勢ですね。

とくに気になったのは食材や備品の仕入先の反応でした。

業者としては売掛金が回収できなくなるのが怖いので、撤退リスクが高まっている店に対しては前払いや代引き、最悪の場合は取引中止を要請してくる可能性があります。ベルクとしては、営業に欠かせない食材や備品などが入荷しなくなるリスクを抱えることになりました。

また、ベルクの売上げが柱になっている事業者の場合、ベルクが存続できなければ、彼らの未来もあやうくなります。貸主から立ち退きを迫られたことで、取引先に、本来ならば抱く必要のない不安を抱かせることに心が痛みました。

そのころ、三大職人のひとり、ソーセージの河野さんはマシンの更新を検討していました。ベルクが今までどおり仕入れてくれることを前提にした大きな投資です。立ち退きが現実のものとなれば、投資回収の計画に影響しますから、河野さんとしても不安を感じたことでしょう。

結果的には、井野さんや迫川さんたちの覚悟に触れた河野さんはマシンの更新を決断します。そこからは祈るような日々だったかもしれません。営業継続が決定したときには、河野さんは大いに喜んでくれたそうです。

■お客さまの応援が勇気をくれた

また、ベルクとしては立ち退き問題を、お客さまがどう受け止めるかも心配していました。嫌な思いをするお客さまがいるのではないか、離れていくお客さまもいるのではないか……。考え始めたら、きりがありませんが、先述のとおり、それらは取り越し苦労に終わりました。

「ベルクはセルフのお店なので、普段、お客さまとの会話は多くありませんが、騒動を知ったからでしょうね、お客さまの方から『応援しているよ』と声をかけてくださったり、いつもは寡黙な常連さんがアンケートにアツいコメントを書いてくださったり。このとき初めて、**たくさんのお客さまに応援されていることを実感しました。お店の存続は経営者にとって死活問題ですが、存続をいちばんに考えていたら、あの場所を守るために闘**

うことよりも、多額の立退料で移転することを選んだかもしれません」（井野店長）

ルミネは誰もが知る大企業の子会社で、当時は飛躍的成長のさなかにありました。普通に考えれば個人店が闘える相手ではなく、インターネット上では巨象に挑む蟻のようなベルクの行動を否定する意見もありました。

しかし、**お客さまの応援がベルクの面々を大いに勇気づけます。井野さんは著書で「いつもどおりの営業を続けただけ」と語っていますが、いつもどおりを貫くことができたのは、騒動を公表したあとも変わらずに来店してくれるお客さまがいたからです。**

５年越しの騒動が決着したその日、ベルクは感謝セールを開催。生ビールを一杯２１０円で提供し、お客さまと営業継続決定を祝いました。

組織の論理と個人の思い、そして選択の自由

駅ビルなどの商業施設は自らの魅力維持のために、定期的にテナントを入れ替えています。

入れ替えがスムースに進む場合もあれば、ベルクが巻き込まれたような騒動に発展するケースもあり、大企業と闘う術を持たない個人店が泣き寝入りをする事案も起きています。それゆえにベルクの営業継続決定は全国の個人店に勇気を与えました。井野さんや迫川さんには、騒動の渦中にある個人店から相談が寄せられることもあるそうです。

井野さんたちは常に毅然とした態度で、この問題と向き合ってきました。無理難題を言うルミネの担当者と一触即発のような睨み合いもあったようです。しかし、それはあくまで仕事上のこと。

もっとも激しいやり取りを交わした担当者がプライベートの時間に、あるいは退職した

あとに、お客さまとしてベルクを利用することもありました。彼らは、一個人としてはベルクが好きだと言い、ベルクもお客さまとして彼らを迎え入れました。

こういうところにも、ベルクらしさがにじみでています。

個人経営のお店は意思決定と業務遂行が一体化していますが、大企業の場合は組織の意思決定に基づいて行動せざるを得ません。個人の見解と違っていても、組織に属している以上は、仕事として割り切ってやらざるを得ないこともあるでしょう。

ベルクにはハードな仕事を終えてホッと一息ついている企業人が大勢出入りしています。それがたまたまルミネの担当者だった、それだけなのです。

ベルクはお店を守るために闘いましたが、それ以外の部分ではルミネに対してパートナーシップを発揮しています。

20代から30代の女性向けという方向性に沿って、若い女性向けのメニューをいくつも開発しました。女性が安心してお酒を飲めるように、ナンパ禁止のPOPも掲示しています。

ここで注目すべきは施設側の言いなりではなく、その施設の方針を踏まえて、自分たちで考えて実行しているところです。お客さまはお店をよく見ています。「らしくない」商品や中途半端な施策はあっさり見抜かれてしまいます。

■魂のこもっていない商品・サービスに、お客さまはだまされない

少し前にこんなことがありました。

ベルクのすぐ近くに、ベルクそっくりのお店ができたのです。徒歩5秒の距離です。看板や店づくりが似ている上に、メニューも価格帯もほぼ同じ。しかも、多くの人が行き交う地下通路から見える場所にあるので、ベルクより多くの人の目にとまります。

実はこれ、ベルクの高収益ぶりに注目した駅ビル側が放った刺客でした。あの場所に、セルフサービスのカフェを出せば儲かると考えたのでしょう。

最初はベルクと間違えて入店する人もいて、クレームも寄せられましたが、ほどなく勝負がつきます。

ベルクもどきはあっさり撤退しました。

看板やメニューは似ていても、ベルクよりおいしいものは何一つなかったでしょうし、満足も感動も生まれなかったことでしょう。魂がこもっていないものに、人々の心は動かないのです。

お客さまは何気なくお店を選んでいるようで、そうではありません。とくに常連客は明白な意思を持って選択しています。

どこでもいいからコーヒーを飲みたいのではなく、ベルクでコーヒーが飲みたいのです。極論すれば、ただの水でもいいのかもしれません。ベルクが提供するものならば間違いないという信頼感があるからです。

その期待にベルクは応え続けている。

だから、ベルクは愛されるのです。

第4章

まるでベルク!
熱狂的に愛される
11のお店・会社に学ぶ

媚びずに毅然としているから、熱狂的なファンが生まれる

お客さまにはさまざまなタイプがいます。人によって求めるものはまちまちです。さて、あなたはそのすべてを充足させることができるでしょうか?

どう考えても無理です。極端な言い方をすれば、どうあがいてもお客さますべてを満足させることなどできっこないんです。

だからです。だからこそ、「誰をメインの相手にするか?」が重要なのです。本章でご紹介する2つの事例。どちらも徹底してお客さまを選んでいます。いえ、選ばれるように生きている。お客さまに媚びることなく、毅然と我が道を行く。結果、圧倒的な、熱烈な支持をお客さまから得ています。

あれもこれもと八方美人を決め込んで、結果、何が何だかわからないまま消えていったお店、会社……たくさんあります。

だからこそ絞るんです、勇気をもって、媚びを捨てる。その方法で大成功した2つの事例に触れて、あなたのお店・会社でも実践してみてください。

ベストセラーを置かない本屋「読書のすすめ」

都営新宿線で新宿三丁目から千葉方面へと向かう。千葉県との県境に近い篠崎という小さな駅。この駅から10分くらい歩いた住宅地にその本屋はあります。

そう、書店ではなく、まさに〝本屋〟。店の名前を「読書のすすめ」といいます。面白い店名でしょ？

でもね、奇をてらっているわけでも何でもなくて、この店、本当に「読んだらいいよ！という本を薦めてくれる店」なんですよ。

■他と同じじゃ売れっこない

オーナーは清水克衛さんといって、正真正銘、本のソムリエ。

読みたい本、抱えているテーマを伝えると、その人に合った本を一生懸命考え、見つけ、提示してくれます。清水さん自身、多くの本の著者でもあり、業界ではかなりの著名人です。書くことのプロであり、読むプロでもあるわけです。

先ほど、「考え、見つけ、提示して……」と書きました。そう、**清水さんは、自分が読んだ本の膨大な記憶の中から、お客さまの読みたい内容や相談テーマを吟味し、それにあった本を複数冊、提示してくれる人です。**

この意味では、「その人に合った料理を、次々に開発し、提案してくれる」ベルクのあり方に似ていると思います。

ある有名な経営者の方は、清水さんに薦められた本を社員に読ませたら、社員教育の効果が絶大で、後日、何百冊もまとめて買ってくれたとか……。

で、**この店のスタッフはほぼ全員がそれをやります。**

そう、「読書のすすめ」は本のソムリエたちがアドバイス接客する店なんです。

さて、この店のモットーは、「ベストセラーを置かない本屋！」です（笑）。

おかしいでしょ？　でも本当。

ベストセラーをずらーっと並べておけば、じゅうぶん売り上げにはなるでしょう。

ですが清水さんはそれをしません。他と一緒では面白くないし、同じになってしまいます。そうなれば売り場面積が広くない「読書のすすめ」は、品ぞろえで大型店舗には到底かないません。つまり……勝てない。

■勇気をもって品揃えを絞る！

では、どうしたらよいか？　と考えあぐねた結果、今のスタイルになりました。

ちなみに、大ブームになっていた最中に、『ハリー・ポッター』も『ダ・ヴィンチ・コード』も置いてなかった店として業界では有名です。

先ほどもお話しした通り、この店は〝オーナー以下スタッフが自分で読んでよかったと思う本〟しか扱いません。

だから店内には、段ボールに書かれた手書きのポップが所狭しと自己主張しています。ハッキリいって、それがないと、どんな本だか見当もつかない(笑)。

スタッフそれぞれが自らの思いを自らの言葉で自らの文字で伝えるポップ。これ……強烈に心に響きます。つまり、思いと志がそこにはある。

この点もベルクに共通する部分がありますね。

■媚びない本屋

さて、本題です。

「読書のすすめ」をひと言でいえば、媚びない本屋でしょう。

世の中の流れ=流行に媚びない、お客さまの要望に媚びない、ベストセラーに媚びない……。

媚びないということは、とりもなおさず、お客さまを選んでいるということ。

ベストセラーを置かない本屋という徹底的なこだわりがあって、そのこだわりに合わないお客さまは基本的に相手にしない。無理に集客しようとはしない。来てくださいとは言わない。

言い換えると、店の考え方に共感してくれるお客さまとだけ生きていこうという覚悟で

す。

この店、おそらく日本一広い商圏を持つ本屋だと思います。

例えば沖縄から、わざわざ飛行機でこの店まで本を買いに来るお客さまがいたり、遠く地方からやってくる常連さんがとても多い。

出張で東京に来たら必ず寄る、というサラリーマンも多いです。

店のこだわりがお客さまを広く呼び寄せるし、店のこだわりが反発力となって、いわゆる〝普通のお客さま〟を遠ざける。

そのこだわり＝意思がマグネットとなって、「あの店が好き！」というお

客さまだけを引き寄せているんです。

だからこそ、熱烈なファンが全国にたくさんいます。著名な著者さんの中にも「読書のすすめ」の熱狂的なファンは多いです。

私自身も、地方から東京に出てくる人から「おすすめの本屋は？」と訊かれたら、一も二もなく「読書のすすめ」を紹介します。

■本屋らしさを捨てる

そうそう、この「読書のすすめ」。本以外の商品もたくさん扱っています。本屋なのになぜか、味噌とかドレッシング、もろもろの健康グッズや雑貨など。

コーヒーとか、お客さまにサービスしたりしちゃいます。僕が以前、たまたま伺ったときには、店の奥のスペースで、指圧師さんがお客さまに指圧をしていたり、冬場には店内で鍋をやって、お客さまにふるまったりします。ある意味……メチャクチャ（笑）。

一瞬、何屋なんだっけ？　と目を疑います。このステレオタイプ（定型）を嫌うのもこの店の特徴。何屋なんだ？　という面からもベルクと共通します。**ある意味雑然とした、カオスっぽい雰囲気が実に居心地よいのもベルクと同じ。結局、長居してしまう。**そりゃそうですよね？　目的の本があって、それをめざして売り場に走り、パッと見つけてレジに走る。

そんな一直線の行動じゃなくて、「読書のすすめ」には、吟味する楽しさ、迷う楽しさ、悩む楽しさ、相談する楽しさがある。逆に心と時間に余裕がなければ楽しめない店でもあるんです。

だからこそお客さまは長居してくれ、結果、購入してくれる冊数も増えるというわけです。

本屋らしくない書店「読書のすすめ」。

このユニークな本屋は、なんでもありのお店ではありません。

ベースには、本当に、心底本が好きで、自ら読むことが好きで、そして、本の力、場合によっては本が人生を変える力を信じている、という基本思想があります。

そう、「読書のすすめ」は、清水さん以下、スタッフの姿勢や生き方を体現した空間なんです。

あなたがお客さまに提供をしている商品やサービスは、あなたが心底好きで、世の中に広めたいと思っているもののはずです。だから、仕事として選んでいるんでしょ。

仕事に対する想いと真摯に向き合えば、業界の「らしさ」にとらわれず、業務の幅はおのずと広がっていきます。


普通はこうだよね？　という定型を捨てることで、「他とは違うところが好き！」というお客さまだけがやってきます。

このフィルターを通ると、納得ずくのお客さましかやって来ないので、店との心理距離が絶対的に近くなります。結果、強烈なファンになる。

さあ、あなたも、「らしさ」から一歩、踏み出してみませんか？　その勇気を持ちましょう。ありきたりな商品やサービスにお客さまは飽き飽きしてるんだ！　と信じてみましょうよ。

音楽家向けのマンション『ミュージション』で大人気の「リブラン」

あなたが住まいを探すとき、どんな条件を重視しますか？

いろんな条件があると思います。が、僕はこう思うんです。

「自分のやりたいことが実現できる家……」なのではないか？　と。

いくら一般的には素晴らしい家でも、その人がやりたいことができなければ、その存在価値は低いと思うんですよ。

いくらいい家でも、自宅にアトリエが欲しい画家にとって、アトリエスペースのない家は失格ですし、夏場にベランダとかバルコニーでビアパーティーをしたい人にとっては、ベランダが狭い家は無用です。

このように、「自分がやりたいことができない家」は、お客さまから決して選ばれないのだということです。

■問題解決マンション

ここで取り上げる「リブラン」が展開するマンションに『ミュージション』というものがあります。

『ミュージション』というネーミングから、もう気づいたでしょうか？　そう、「リブラン」の『ミュージション』は、『思う存分音が出せるマンション』なんです。

『ミュージション』のホームページにはこう書かれています。

「もっと、プライベートで音楽を存分に楽しみたい！　『ミュージション』は、DTM&作曲&楽器演奏を気兼ねなくできる新しい生活空間です」と。

普通、マンションって、住む人のライフステージに応じて作られますよね。ワンルームや4LDKみたいに、家族人数とか家族構成を意識した設計です。

しかし、『ミュージション』はそこに、「趣味嗜好」とか「ライフスタイル」とか、はたまた「職業・職種」までをも加味した戦略を打ち出してきました。

思う存分音楽を楽しみたい！

確かにそういうニーズを持つお客さまはいるでしょう。

従来通りの一般的な観点から見れば、このニーズは見えません。**いわゆるファミリータイプとかシングルとか、あるいは価格設定からの発想で3000万円台とか億ションとか……そんな分け方になると思うんです。だからお客さまの取り合いになる。**

で、そうした普通のマンションでは……大きな音が出せない。ピアノの音や赤ちゃんの泣き声が隣人同士の喧嘩の元になったりもします。

そこで、『ミュージション』はそうした定型を抜け出し、「思い切り音楽を楽しみたい」という、「ひょっとしたらマーケットはとても小さいかもしれない部分」を狙って打ち出してきました。

□ 尖ると、お客さまが集まってくる

いま地球上には70億人以上の人が存在するといわれています。しかし、その70億人全部をお客さまにすることなんて、所詮できません。無理です。

だからこそ、**少なくてもよい、自分の考え方やこだわりに共感してくれる人だけを選ぶことが大事なんです。**

もちろんビジネスですから、ひとりでも多くのお客さまがいるマーケットを狙いたくはなるでしょう。

しかし、それをやろうとしてはダメです。大企業なら許されるかもしれません。**小さなお店・会社なら、ターゲットを選ぶ。絞ることです。**

そのことによって、「本当に求めてくれる」「心から喜んでくれる」、そんなお客さまだけが立ち現れてきます。

それがファンです。

もう一度、「リブラン」のホームページをのぞいてみましょう。

「毎日の楽器練習は、時間を忘れて熱中したい！」
「自宅をスタジオにしてＤＴＭ＆音楽制作がしたい！」
「夜中でも気兼ねなくＤＶＤ鑑賞したい」
遮音性能を高め、誰に気兼ねすることなく、好きな時に自由に音楽を楽しむことが出来る暮らし。―音楽を思う存分楽しめる空間がほしい―音楽を愛する人なら誰もが抱く、シンプルな想いを実現したのがＭＵＳＩＳＩＯＮです。

まさに「音楽好き＝気兼ねなく、好きな時に音を出したい」という人にだけ、語り掛けています。

さて、ここからは僕の勝手な私見です。

『ミュージション』に住む人って、果たして音楽を楽しみたいという人だけなのでしょうか？

僕は違うと思うんです。

例えば、赤ちゃんや小さなお子さんがいて、泣き声を上げたり、ドシドシ走り回ってしまう。

自宅にお友達を呼んでホームパーティーをするのが好き。

どうしても声や音が気になりますよね？

こんな音や声を気にする人が、「リブラン」の広告に触れたらどうでしょう。

「あ、これ私に向いてるかも？」と思うのではないでしょうか？

そう、尖ることは、結果、広がりを生むのです。

またホームページにはこのようにも書かれています。


リブランでは、ミュージションという住空間の提供だけにとどまらず、ご入居者はもちろん、音楽と共に人生を歩む多くの人々の支援をしたいと考えています。マンション内でのコンサートという発表の場を提供することにより、発信者だけでなく、地域の方々との

交流の場を創り出しています。
※物件によっては開催しない場合がございます。

「リブラン」はここにもある通り、基本は音楽を楽しみたい人向けのマンションです。が、ここまで尖ると、逆にそこから裾野は広がっていく。

尖りが、新たなお客さまを呼んでいくのです。

小さくてもよい。一部のお客さまの熱く強い思いに答えることで、お店や会社は絶対的な魅力を打ち出すことができます。

「私にはこれが必要なの！」という強い関係ができるんです。

他の誰でもない、「あなたじゃないとダメなの！」という関係を創ることができれば、その関係はそう簡単には壊れないし、代替が効きません。まさにベルク。

マーケットは大きいか小さいか？　ではなく、強いか弱いか？　あなたもそう見る癖をつけましょう。それこそが成功の最短距離になります。

本気で地元と生きる

地元を大切にする。地域と生きる！　というのは簡単です。

が、実は地域のためと言いながら明らかに〝自分のため〟にやっていたり、一部の人の利益が優先されるようなケースも目にします。


地域のために生きる、地域と共に生きるために絶対不可欠なことって何でしょうか？

そう、地域を知ることです。地域の人と接すること。


知らなければ始まらないし、地元との共生など絶対に無理です。

地元とつながり、地元客に愛される関係性ができれば、あなたのお店・会社の熱烈な応援団になってくれます。


存続の危機に陥ったベルクを助けてくれたのも、そうした2万人の地元客でした。

ここでは、全国でも指折りの「地域のために生きているお店」を通じて、地域と生きるというあり方を紹介していきましょう。

市役所職員が「別府の誇り」と口にするライブハウス「ヒットパレードクラブ」

大分県別府市。いわずと知れた日本最大の温泉地です。鉄輪《かんなわ》温泉に地獄蒸し、明礬《みょうばん》湯の花、竹瓦温泉など、名所名物はさまざまありますが、ここで取り上げるのが「別府ヒットパレードクラブ」、通称「ヒッパレ」です。

「ヒッパレ」はアメリカンヒットポップスやビートルズ、ベンチャーズなどのオールディーズを楽しむことができるライブハウスです。男性3600円、女性3000円で飲み放題食べ放題。営業時間は18時から24時までで、その間に専属バンド「ヒットパレーダース」が計5回のステージを披露します。

バンドの女性ボーカルのサンディはウエストをキュッと絞ったワンピース姿。ステップに合わせて揺れるポニーテールが何ともキュートです。男性ボーカルのジーンはサイドをビシッと固めたリーゼントと、その堂々たるパフォーマンスで女性ファンを魅了します。

バンドメンバーも洒落たスーツをまとい、お客さまを21世紀からオールディーズ全盛期の50年代60年代の世界へと誘います。

■観光地・別府で、地元客に愛されるライブハウス

かつては日本中に生演奏を聴かせるライブハウスがたくさんありました。でも、その多くが淘汰され、いまやプロによる本格的なオールディーズをいつでも楽しめるお店は全国にも数が少ないようです。

そうしたなかで「ヒッパレ」は30年間もの長きにわたり、別府の地で営業を続けてきました。ガイドブックにも掲載されていて、別府を代表する名所のひとつと言っていいでしょう。旅行の思い出として「ヒッパレ」を楽しむ人も大勢いますが、**観光客だけをメインターゲットにしていたら、30年間も続かなかったはずです。「ヒッパレ」を支えてきたのは地元の別府市民です。そして、近隣の大分市や由布市、福岡県北九州市などからクルマでわざわざ遊びに来る人たちです。**

□地元のお客さまとふれあい、割引チケットを手渡し

深夜12時、ラストステージが終わったあと、「ヒッパレ」では店のエントランスで、バンドメンバーがお客さまを見送るのが恒例になっています。

いまや「ヒッパレ」名物となったお見送りはバンドメンバーの発案で始めたものでした。

旅芸人一座の公演に行ったとき、出口で演者さんがお客さまを見送るのを見て、「こんなにお客さまが喜んでくださるなら、『ヒッパレ』でもやってみよう」と提案したのです。

それから20年間、お見送りは毎回行われています。バンドメンバーは一人ひとりに割引チケットを手渡しながら「また遊びに来てくださいね」と声をかけます。

お客さまにとっては憧れの地元のスターと触れ合える好機。握手をしたり、一緒に写真を撮ったり、プレゼントを渡したり……。楽しかったライブパフォーマンスの感動をここで最大限にふくらませて帰路につきます。

この名物のお見送りは20年間、毎回です。

継続する。そこが重要だと思うんです。継続は言葉で言うのは簡単ですが、そうそうできないんですよ。この点、ベルクに通じるところがあります。

バンドメンバーも、スタッフも、全員が一丸となってお客さまの満足を追求しようとする姿勢が、地元の人々の心をつかんで離さないのです。

■地元のお客さまを待つのではなく、地元に出ていく

「ヒットパレーダース」は、積極的に地元のいろいろなところに出向いて演奏を行っています。

つまり、地元のお客さまを待っているのではなく、自ら積極的に近づいて行くんです。

店舗は月曜が定休日で、その他は1日5回のステージを披露します。

初回は19時スタート、最終は23時20分スタート。演奏前は当然、リハーサルが必要ですし、新曲のための練習もあるはずです。

また、メンバーは24時の閉店時にお客さまのお見送りをしますから、帰りはかなり遅い

時間です。

そのうえで、地元の要請に応じて、外部演奏に出向いているのです。

たとえば、ショッピングモールや競輪場で開催されるイベント、地域のお祭り、学会の年次大会といった場で演奏しています（学会ではフィナーレや冒頭に音楽の演奏を行うことが多いです）。

イベントは必ずしも大掛かりなものばかりではありません。地元の商店街や商工会が主催するアットホームなイベントもあります。

紅白幕をかけた仮設ステージで、浴衣を着たサンディが歌い上げる姿は彼らの立ち位置をよく表していると思います。

つまり、憧れの光り輝くスターでありながら、身近で、親しみがあって、地域になじんでいるのです。

それにしても、改めて考えてみると結構大変な活動です。

別府市内や近隣市町で昼間に外部演奏を行い、夜は店舗に戻って通常通りに5回のステージを披露したりするというのは。

宿泊が必要な遠方から要請があった場合は、定休の月曜日に限って外部演奏を受けています。

日曜深夜まで通常通りステージに立ち、翌日に移動して外部演奏を行い、火曜はまた「ヒットパレードクラブ」でライブをするのです。

ゲストやヘルプのメンバーがいるにしても、相当にハードなスケジュールです。

それでもお客さまが待っている以上は出かけていく。こちらから接近して行かなければ、地元の街、地元の人と出会えないからです。

店舗以外で行っている外部演奏は年間に何十本になるでしょうか。

こうして地域のイベントを一緒に盛り上げてくれるスターに対して、地元が敬意を評さないわけがありません。

「『ヒッパレ』は別府の誇り」

市役所職員から、そんな言葉が出てくるのもうなずけます。

■経営破たんするも、ファンの応援で、わずか2カ月半で再出発

30周年を迎える「ヒッパレ」には何度か試練の時期がありました。

はじめの試練は2007年にオーナーの深瀬さんががんで亡くなられたこと。

深瀬さんは別府の「ヒッパレ」の他にも、沖縄県などでもライブハウスを経営していました。

また、地域活動にも熱心で、ピアニストのマルタ・アルゲリッチが総監督を務める「別府アルゲリッチ音楽祭」などのイベント開催にも携わっていました。別府と音楽を語る上で、深瀬さんは欠かせない人物なのです。

その深瀬さんが亡くなり、「ヒッパレ」などの店舗の経営は別の人物に引き継がれました。現場は引き続き、総支配人の川野さんが中心になって取り仕切っており、「ヒッパレ」は相変わらず繁盛していました。


しかし、あるときから新しい経営者によくないウワサが立ち始めます。

2014年1月20日、「ヒッパレ」のスタッフ全員がお店に呼ばれました。

「今日で閉店です」

多くのスタッフにとっては青天の霹靂《へきれき》ですが、川野さんはXデーの到来を覚悟していました。経営状態が悪いことは気づいていたのです。

原因は明白です。

放漫経営による経営破たんでした。

すぐさま川野さんは再建のためのスポンサー探しに奔走します。

深瀬さんの思いがこもった「ヒッパレ」を守りたい、現場は自分がいれば何とでもなる、資金さえあれば「ヒッパレ」に灯りをともすことができる、一日も早くお客さまのためにライブを再開しなければ……。

「ヒッパレ」の経営破たんは新聞などでも報じられました。

スポンサーを探す川野さんのもとには「また『ヒッパレ』でライブを観たい」「一日も早く再開してほしい」といったお客さまからのメッセージと共に、資金援助や事業継承の申し入れがいくつも寄せられました。なかには「川野さんがお店を続けることを条件に、資金を援助したい」と言ってくれた人もいたそうです。

「最終的には入札で、現オーナーが経営権を持つことになりました。私も支援者の方と一緒に名乗りを上げたのですが、少々金額が足りなかったんです。でも、新たな体制のもと、再び『ヒッパレ』の運営に携われることになって有難かったと思っています。閉店からの2カ月間を振り返ると、ものすごく忙しかったですが、楽しかったです。少し前から最悪の事態を想定して、どうやって『ヒッパレ』を続けていくかだけを考えていましたから、閉店が確定したときは『よし、ついにスタートだ』とさえ思いました」

たくさんのファンに支えられ、同年4月2日に新生「ヒッパレ」が開店します。経営破たんからわずか2カ月半。お客さまも、バンドメンバーも、もちろん川野さんも、涙なくしては語れない、感動の再出発でした。

■火災で全焼。でも、3日後に営業が再開できたのは地元のお客さまの後押し

「ヒッパレ」にさらなる危機が訪れます。

2017年4月23日未明に発生した火災で店舗が全焼したのです。

楽器も衣装、内装も家具も貴重な展示品も、パソコンから顧客リストに至るまで、店に

あった大半のものが燃えてしまいました。鉄筋の構造しか残りませんでした。

火災が起きた時間はとうに営業を終えていて、スタッフは誰も残っていませんでした。なぜ出火したのか、原因はいまなおわかっていません。

あの日、川野さんは火事の一報を自宅で聞き、パジャマのままで家を飛び出したそうです。3年前の経営破たんと違って、今回の出来事はあまりにも唐突。川野さんも、バンドメンバーも、「ヒッパレ」に親しんできた地元の人々も、誰もが呆然としていました……。

でも、ここからがスゴイ！

なんと川野さんは翌朝から営業再開に向けて行動を開始したのです。

そして、出火した店舗から徒歩圏内に有望な物件情報を得ました。それは古い雑居ビルの地下。物件のオーナーは地下をライブ演奏ができるイベントスペースにしようと、改装工事を進めていたのです。

幸いにも工事はほとんど済んでいました。「ヒッパレ」の規模としてはやや手狭ですが、そこを仮店舗として借りることができれば、すぐにでも営業を再開できます。川野さんは早速、ビルのオーナーに仮店舗として借りたいと申し入れをしました。

しかし、ことはそう簡単に進みませんでした。

オーナーにとっては想定外の入居希望者です。改装したばかりの物件を、老舗ライブハウスの仮店舗として貸し出すなんて夢にも思わなかったことでしょう。

しかも、その時点では火災の原因調査が済んでおらず、店側の過失による火災の可能性も否定できませんでした。オーナーが契約に躊躇するのは無理もないことでした。

万事休す……。

普通なら、ここでゼロから仕切り直しになりそうなものですが、奇跡が起こります。

地下の改装工事に、「ヒッパレ」のお客さまである、菅さんの会社がかかわっていたのです。菅さんは会社経営の傍ら、NPO法人別府八湯トラストの理事長も務める地域の顔で、亡くなられた深瀬さんとも地域おこしの活動をとおして親交がありました。

もちろん川野さんとも旧知の仲ですから、菅さんにビルオーナーとの面談に同席してもらえるように依頼。そのおかげで交渉は進み、無事契約が成立しました。

ここでも、地元で生きてきたことが味方してくれました。

火災から3日後、「ヒッパレ」は仮店舗で営業を開始しました。

その様子はテレビでも放映されましたが、川野さんの多忙な日々はまだまだ続きます。

■市長も応援！ お客さまから寄付金が集まり、新店舗がオープン

全焼した旧店舗は再建のめどが立たなかったため、新しい場所に、新店舗を作る必要がありました。

物件は幸いにも仮店舗のすぐそば、別府駅徒歩4分のところに決まりましたが、内外装を整えるには相当な金額がかかります。

「ヒッパレ」の魅力は日常的に味わえる非日常性です。普段着で立ち寄れる親しみやすさを備えながらも、仕事や生活のことをしばし忘れて楽しむことができる空間演出が欠かせません。

そこで「ヒッパレ」が選んだのはクラウドファンディングでした。ファンドを募るページにはこれまでの歩みや再建にかける熱い思いなどがつづられ、**別府市長の長野恭紘さん**

からも、別府の宝「ヒッパレ」を応援するビデオメッセージが寄せられました。

約2カ月間のクラウドファンディングで集まった支援金は239万8000円。

また、火災報道や一連の活動をとおして「ヒッパレ」の現状を知った地元や全国のお客さまから寄付金が寄せられ、最終的には総額1200万円あまりが集まりました。

2017年9月13日、ついに新店舗がグランドオープンを果たします。

いつしか「別府の宝」と呼ばれるようになった「ヒッパレ」。

何度も困難に直面しながら、お客さまを

楽しませるために走り続ける、その姿が地元の人々に愛され続けています。

あなたのお店はいかがですか。

いかなるときでも応援し、何かあれば支えてくれる、そんな関係性をお客さまと築けているでしょうか。もちろん、それだけの絆は一朝一夕で作れるものではありません。

だからこそ、どんなお客さまと、どのように接するかが重要です。

お店にとってはいかなるお客さまもすべて大切なお客さまですが、観光客や一見《いちげん》客はお店選びで失敗しないために、評判のよいお店や賑わっているお店に足を向けます。

彼らは評判に引き寄せられるのであって、彼ら自身がそれを作るのではありません。

では評判は誰が作るのか。

それは日常的にお店を利用してくださるお客さまであり、顧客満足の積み重ねの先に生まれるものがよい評判なのです。

これはお店だけではなく、会社にもいえます。

本当に大切にすべきお客さまは誰なのか。改めて考えてみませんか。

そのためのキーワードが、地元や地域であることはいうまでもありません。

Coca-Cola
PARADE CLUB

全方位対応であること

ベルクは次々にメニューを開発し、投入していきます。これはもちろん、三大仕入れ先と呼ばれる会社からの提案もあれば、井野さん、迫川さんの発案もあります。社員、アルバイトさんからの意見が商品になることも多いです。

が、実はお客さまの声がいちばん大事なのではないか？　僕はそう思うんです。

お客さまが欲しいものは、お客さまが食べたいもの。つまりお金を払ってくれる確率は単なる思い付きで生まれた商品よりもはるかに高いです。しかし僕の経験から言うと、実はこの〝お客さまの声〟を聴けていない店や企業がほとんどです。お客さま重視、顧客優先などと謳いながら、お店や会社の事情を優先し、実はお客さまの声を無視している場合が実に多いのですね。おわかりかと思いますが、お客さまの声を聴くことと、媚びるのとは違います。ここではお客さまの声に素直に耳を傾けながら、常連で賑わう、ある種のコミュニティのような店を作り上げていったケースを紹介することで、あなたのお店のメニュー開発、会社の新サービス開発に役立てていただきたいと思います。

悲惨な事件をチャンスに変え、独自の世界を作り上げた路地裏の上海料理店「上海小吃《シャンハイシャオツー》」

お客さまは変化するものです。これはもう、常に変わります。

が、そこでその変化するお客さまにいちいち個別対応していては、ビジネスとしては失格！

マーケティングの常識ではいつもターゲットをズラさずに、徹頭徹尾貫くのがよいとされています。

それはもちろんそうなのでしょう。が、ベルクのように、〝新宿駅の利用客がターゲット〟となれば、全方位対応にならざるを得ませんよね？

○○の時間帯のお客さまにだけ喜んでもらう、とか、女性のお客さまだけに対応するなどということは基本無理。

夜勤明けにコーヒーでひと息つく男性客、ランチを食べにきた人、買い物帰りのスイーツ目当ての女性客、仕事終わりに一杯のビールを求めるサラリーマン、デートの流れで立ち寄ったカップル、近所の紀伊國屋書店で買った本を急いで読みたい人、地方から出張で来た際には必ず寄る人など、ベルクのお客さまは実に多様で、ニーズなどという手垢のついた言葉ではくくれません。

こうしたお客さまに喜んでもらうには、全方位対応にならざるを得ません。しかも、ベルクという基本的なスタンスを守りながら、です。

■近所で起きた事件がきっかけで、お客さまが遠のく……

さて、全方位対応といえばこの店でしょう。

「上海小吃」。シャンハイシャオツーと読みます。字の通り、上海料理の専門店です。場所は、新宿歌舞伎町のど真ん中。初めての人はちょっと立ち入りにくい一角に立地します。

もともとは普通の上海料理店でした。味はよかったですが、とくに目立つお店でもなかったんです。

転機になったのは1994年、世間を震撼させた、通称「青龍刀事件」でした。

当時は北京や上海、福建など、中華系のマフィア同士の抗争が激化し、あちこちで諍いが起こっていました。報道には至らない事件も多かったはずです。そうしたなかで、「青龍刀事件」が発生します。

「上海小吃」の近所の北京料理店で、2人が殺害されたのです。

その2年後、作家の馳星周さんが歌舞伎町の中華系マフィアの抗争を描いた小説『不夜城』を発表。この小説は吉川英治文学新人賞に輝き、1998年には金城武主演で映画化されています。

混沌として猥雑で退廃的——ディープな新宿といえば、このイメージではないでしょうか。


さて、青龍刀事件を機に**「上海小吃」周辺のお店は相次いで撤退。**

いつ流れ弾が飛んできてもおかしくない地域ですから、お客さまも寄ってはきません。

お世辞にもキレイとはいえない路地裏から賑わいが消え、歌舞伎町はますます暗く陰惨になっていきました。

□「本場の上海の味」を軸に、全方位にメニュー展開

ですが、この事件を機に、事件現場の近くにある「上海小吃」の店名は、取材インタビューなどの記事を経て、広まります。名前は売れるものの、「そんな危なそうな場所にあるのか」とお客さまの足は遠のく、そんなパラドクスが生まれます。

いっぽう、歌舞伎町では、「上海料理の店がある。しかもおいしい本格料理らしい」。そんなうわさが少しずつ広まっていきます。

そもそも、中国から来ている人たちは、コミュニティの一員です。そして何より仲間意識が強い。だから顔を合わせるたびに、「上海小吃」に寄ります。そうして仲間に連れられてきた人が、また別の仲間を連れてくる、という循環が起こります。

要は遠く離れた場所から来ているという同胞意識がこうした連鎖を生むのです。

このあと紹介する大分郷土料理「とど」のところでもお話ししますが、郷土意識は人を呼び寄せます。ベルクだって、新宿好きが集まりますし、新宿を語りたい人はベルクに寄

 りますからね。

「上海小吃」の玲子ママ、彼女も上海出身ですが、その噂を勝機と捉えました。上海をもっと打ち出そうと決めたわけです。

この界隈には依然として大勢の中国人が働き、暮らしています。上海から来ている人も多くいます。上海出身ではなくとも、懐かしい本場の中華に触れたい！　そんな人たちはたくさんいます。

故郷の味を求める彼らに、玲子ママは本場さながらの上海料理を提供し続けました。

一見、焼きそばにしか見えない豆腐の細切り、誰もが頼むという揚げパン、上海風お好み焼き、珍しい真菰筍《まこもだけ》の炒め物、茎レタス、つまみにピッタリの土鍋炒飯などの本格料理から、サソリ、バッタなどの珍味（というのか？）まで実に多種多様です。

すると面白いことに、上海出身者が上海出身者を連れてきます。こんな本格的な上海料理が食べられるお店は、その当時、東京ではなかったからです。

そして、玲子ママを交え、郷土の話に花が咲く。そんな中で出てくるのが郷土料理の話題です。

「自分の小さい頃、母親が作ってくれた料理、地元の料理店で食べた忘れられない味」

いろんな料理の話題が飛び交います。玲子ママはそこを大切にしました。

■お客さまのためなら「無駄を覚悟、ロスを承知」

玲子ママによれば、食材や調味料は上海から直接仕入れているそうで、日本ではちょっとお目にかかれない金針花《わすれぐさ》やサソリなどを使った料理も、「上海小吃」ではなんと定番メニューに載っています。

こうしたメニューは、お客さまの要望にこたえた結果、提供されるようになったものです。

すると、ますますお客さまは大喜びします。

それはそうですよね？　日本では絶対に食べられないだろうと諦めていた懐かしの地元料理を、その本来の味に近い形で食べられるのですから。

これが口コミで広がり、「上海小吃」は上海出身者の聖地のような店になっていくわけ

です。

サソリ、ヘビ、セミ、クモ……。

いつオーダーがくるかわからない食材を、当てもなく用意するのはどう見ても無謀です。

それも上海からわざわざ取り寄せて、です。

けれども玲子ママと料理人さんは、**自らの同胞意識に照らして、無駄を覚悟、ロスを承知で、地元の食材を地元の味で提供することにこだわりました。**そして、お客さまの希望に応えようと、地元料理のメニューをどんどん増やしていったのです。

だからこその今の人気だと僕は思います。

あの事件から二十数年。「上海小吃」は超逆風が吹きすさぶなか、この地に留まり続けました。

そして今日も、上海を愛する人たちが集い、語らい、本場の味に舌鼓を打って英気を養える場を提供しています。

お客さまの声を聴く。単に言いなりになるのではなく、そこに、自らの想いとか熱のようなものを加えると、必然的に強い魅力が生まれる。そんなことを考えてしまうのです。

あなたのお店や会社でも、あなたが大切にしている軸を守りながら、お客さまの声に耳を傾けてみませんか？　そして全力で、その声に応えるような商品やサービスを開発してください。

お客さまに熱烈に愛されるお店・会社になる、大きな一歩になるはずです。

郷土愛を『カタチ』にすると、ファンが集う。大分郷土料理の店「とど」

「とど」は大分の郷土料理を提供する小料理屋です。

ママは大分県の出身。郷土への思い入れはもちろん理解できますが、競争が激しく、家賃の高い新宿のど真ん中で、大分の郷土料理で勝負するのは、勇気がいることだと思います。

とんこつラーメン、水炊き、もつ鍋、辛子明太子……。お隣の福岡県は、全国区の名物があります。

そして、福岡県の人口は５０９万人。福岡県出身者も東京に大勢いることでしょう。

■あえて大分の郷土料理で勝負をする

しかし、大分県は１１４万人。郷土の味を求めてくる人をターゲットにするのは、正解かどうか……。

大分に絞らず、九州料理のお店とすることもできたはずです。そうなると、九州の総人口は1300万人ですから、間口はぐっと広がります。

しかし、この絞り込みこそ勝因でした。

「とど」は明白に大分を謳い、大分の味を知る人たちが納得する料理を提供してきたことで、人気を集めました。

おそらく最初から通好みの店を狙ったのではなく、ママが慣れ親しんだ故郷の味わいを提供するうちに、自然と大分県出身者や大分県にゆかりのある人たちが、少しずつ口コミで集まってきたのだと思います。

大分県は山海どちらの食材にも恵まれ、実はさまざまな郷土料理があります。

とくに有名な食材は関サバ、関アジでしょう。

女将はこれらを圧倒的な人脈と目利きで仕入れます。

私が通い始めた当初は、「今日はいいのが入らなかったから出せない」ということが多くありました。

「とど」のクオリティーはそのまま大分のクオリティー。女将には大分を背負っているという自負があります。だからなんでも出せばいいというものではない! という自ら決めた規律があるんですね。

自分が目先の商売のために、あまりよろしくない商品を出せばそれで傷つく人がいる。おそらくそこまで考えているんです。

「とど」では、関サバ、関アジだけでなく、現地から鮮魚や食材を取り寄せています。お刺身でもいただけますが、味噌や薬味、ゴマなどであえた郷土料理「りゅうきゅう」がおすすめです。

しかし、関サバとか関アジを使うとどうしても価格的に高級料理になってしまいます。そこで、研究を重ね、時期によってはカンパチをメインにしています。これがもう、大分県のお酒ともぴったり合うのです。しかし「りゅうきゅう」ひとつをとっても、大分の味は地方によって微妙に異なります。そこを見事にチューニングしてお出しするのですから料理人さんも大変です。

けれども、どうせやるなら徹底しよう! 半端なことは絶対にしない!

そう決めて女将と板前さんは二人三脚でチャレンジし続けてきたわけです。

■全方位に広がるさつま揚げを求めてお客さまが殺到

自家製の「さつま揚げ」も人気メニューです。

新鮮な白身の魚を練り上げ、そこに野菜や海産物などさまざまな食材を混ぜ込んで、からりと揚げます。市販のさつま揚げとは比べ物にならないほどに美味しく、想像以上に種類が豊富で目にも楽しいお料理です。

さつま揚げも、最初から種類がたくさんだったわけではありません。

これも、「▽▽のさつま揚げを食べたい！」というお客さまからの声を形にするうちにものすごいバリエーションになってしまいました。

ベビーコーン、ナス、いんげん、レンコン、アスパラ、椎茸から、珍しいところではラッキョウまで、とにかく多様です。

が、結果、その「ものすごくいろんな種類のさつま揚げがあるんだよ！」という事実が話題になり、口コミで広がるわけです。

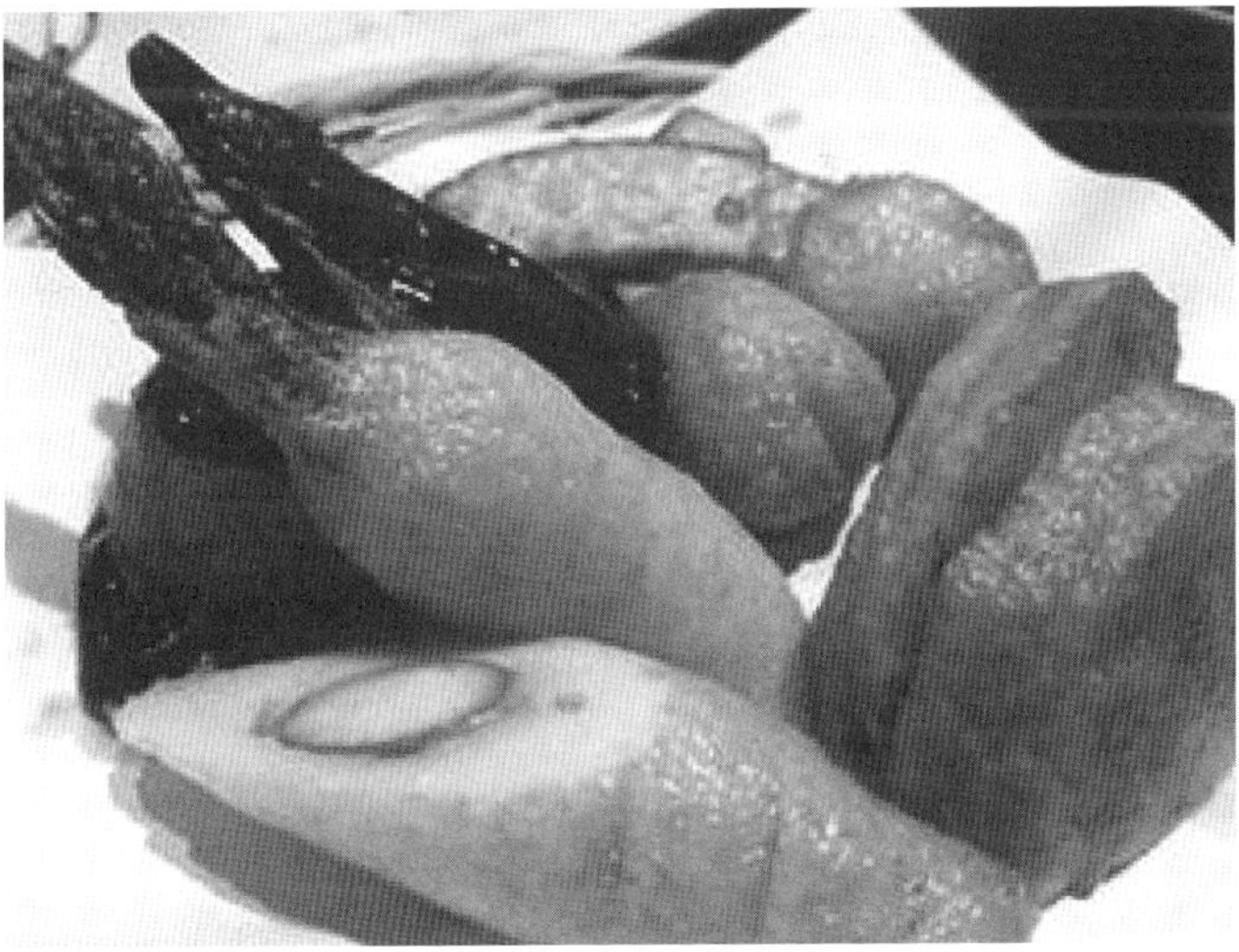

また、あっさりとした鶏肉をてんぷらのように揚げた「とり天」、小麦粉を練って平麺のように伸ばして野菜と共に煮込んだ「だんご汁」、小麦粉の練り物に甘いきなこをかけていただくデザート「やせうま」なども、大分の郷土料理です。いずれも素朴な味わいでホッとします。

これらに留まらず「こういう料理はできない？」「あれが食べたいなあ」というお客さまのリクエストに応え、ますますメニューが充実しています。

大分にこだわり、そこを軸に全方位にメニューを広げていったことで、大分の味を愛するファンが集うようになった名店「とど」。

長らく新宿の花園神社に近い場所で営業していたのですが、2016年、赤坂見附に移転しました。新天地でも大分好きを喜ばせていることでしょう。

このように**軸があれば、そこを起点に全方位に広げていけばよいのです。**

実はこれは、それほど難しいことではありません。

あなたのお店・会社をいつも利用してくれる大切なお客さまの顔を思い出してくださ

い。その人たちにどんな商品を出せば喜んでくれるのか、どんなサービスを提供すれば満足してくれるのか、その観点で広げていけば、失敗はないのです。

あなたの店、あなたの会社のビジネスは、あなたのものです。そこにはあなた自身が現れます。「とど」はどこの店も真似しなかったし、女将の考え方そのものが表現された店です。

それをお客さまと一緒に創ってきたんです。大分料理の店は他にあっても、「とど」は一つしかない。大分料理の店というカテゴリーに混じるのではなく、「とど」という独特の大分料理店、というカテゴリーを自ら創りあげた――。ここが何より大切です。ベルクに通じますよね。

もちろん最初は、真似から入ってもいいと思います。しかしそれはいずれ唯一無二の存在を作り上げるための通過点。

そこからお客さまの声を一つひとつ拾い上げて、全方位対応していく。そうすることによって、「どこにもないお店、会社」を創りあげることが可能になると思うんです。

名物商品にこだわり、熱烈なファンを創る

多種多様な商品・サービスがあふれています。

ここまで多様化すると、今や本当のオリジナルはあり得ない時代といわれ、組み合わせこそが商品開発の要諦とも語られます。

ところが、そんな中でも、徹底して「自分の味」「うちだけの商品」「他にはないサービス」にこだわる人がいます。

もちろん、同業他社を見渡して、ちょうどいま上手くいっている商品やサービスを真似れば楽ではあります。ただ、それではいつも新しさの自転車操業。ライバルが新作を打ち出せばまた新作で応えなければいけない。いつまで経っても心安まることはありません。

しかし、一度覚悟を決めて本気で「自分だけの売り物」を創ってしまえば誰も真似できない。世界でたったひとつの商品です。その「たったひとつの商品・サービス」にお客さまがつく。すると……去っていかない。これがビジネスとしての究極のカタチかもしれません。

旨辛にこだわり続け、辛者（信者）を生み出し続ける「蒙古タンメン中本」

あなたが辛いもの好きなら、首都圏中心に展開するラーメン屋さん「蒙古タンメン中本」はご存知でしょう。

真っ赤な唐辛子色の看板は、まさに「辛いのが苦手な人は入っちゃだめだよ！　楽しめないよ！」というバリアそのもの。

あの真っ赤を見て、「辛いのは苦手だけど、でもやっぱり入ってみようかな？」という人ははっきり言って変人です。

この店の最大の特徴は飽くなき「旨辛」の追求。

ひたすら辛いけど旨いラーメンを研究、提供し続けています。

言い換えると、「中本」のお客さまは圧倒的な辛いもの好き。辛いもの好きの聖地のような店なんですね。

◘メニューは決して広げず、旨辛で勝負

「中本」は2018年の時点で20店舗以上がありますが、どこも日々、行列。東京に出張に行ったら絶対に立ち寄る！　という地方在住者も多く、首都圏中心に展開するお店でありながら、実は全国的な商圏を持っているお店です。

さて、この「中本」。**決して辛いものが苦手な人を排除しようとはしていません。逆に、辛いのが苦手な人には、辛いのを好きになってもらおうという努力をします。ここが他の〝辛いのだけ自慢〟の店とは大きく異なる点です。**

これは店主の白根さんがまさにそうだったから。

白根さんは、先代がやっていた中国料理中本の蒙古タンメンに出会ってから、旨辛に目覚めた口です。ですから、けっして辛いものが得意だったわけではないんです。一見、見た目は強面《こわもて》に見える白根さん、実は優しい人です。だからこそ、その思いを、一人でも多くの人に伝えようとするのだと思います。

ホームページには、こんな文章があります。

辛さはメニューによって異なり🔥＝辛さゼロ（全く辛くありません）から🔥🔥🔥🔥🔥 🔥🔥🔥🔥🔥＝激辛の辛さ10（初めてのお客様はご注意ください）までご用意しています。辛さゼロはお子様でも安心してお召し上がりいただけます。

初めてのお客様には辛さ控えめ、野菜の甘味も感じられる「味噌タンメン」をオススメいたします。

味噌タンメンはたくさんの野菜を長時間煮込んだスープに秘伝味噌と唐辛子を混ぜ合わせたスープで当店の最も基本となるスープです。辛さと甘味の絶妙なバランスをお楽しみいただけます。

味噌タンメンで慣れたら当店看板メニュー「蒙古タンメン」を是非お試しください。

ね、優しいでしょ？（笑）

僕は、この文章に、辛いのを押し付けるのではなく、辛いのを好きになってほしい、体験してほしいという祈りのようなものを感じました。

実際に食べてもらって、やっぱり無理ならそれはもう仕方がない。無理強いはしません。

しかし「辛いの苦手」→「たまたま食べた！」→「あれ？　いけるかも！」→「ハマった！」とお客様に感じてもらえればうれしい。この流れこそ、まさに白根さんが目指すもの。そして旨辛好きとして白根さんがたどってきた道でもあるんです。

白根社長はそもそも、先代がやっていた東京は板橋にあった「中国料理中本」の一つのメニューだった「蒙古タンメン」に魂を奪われ、後を継いだ二代目。

当時は、ほぼ毎日通い、これがなければ日常が成立しない！　とまで虜になってしまったそうです。

そこで先代のお店がなくなったときから、真摯に一生懸命、先代に対し三顧の礼で許可を得て、修行を重ね、やっと店を継ぐことができました。

その中で、先代からのアドバイスもあり、まずは「蒙古タンメン＝旨辛」の象徴を極めようと「蒙古タンメン中本」を開いたんです。

■絶対に揺るがない、譲れないものを持っているか？

「中本」の目指すところは、「旨辛で全国制覇」、「旨辛日本一」です。「中本」の辛さを求めてきてくれるお客さまの気持ちに徹底的に応える。

だから、「中本」のファンは、それはもう熱烈、いや熱狂的です。ファンという言葉は元来、ファナティック＝狂信的から来ていますが、まさにその通りのファンがたくさんいます。

各店で定期的に行われるイベント＝辛者《しんじゃ》の会には多くのファンが集まり、信じられない盛り上がりをみせます。

これも、多くの人を対象にした間口の広い、平均的な店を目指さず、辛いけど旨い！を愛してくれるファンだけと一緒に生きていこうと決めたからこその繁盛。

もちろんこう決めて船出をするのには相当な勇気が必要だったと思います。大丈夫だろうか？　と自問自答する日々もあったと思います。

しかし、お客さまは理解してくれた。白根さんの、ある意味、生き様に共感してくれた。そういうことだと思うんですよ。

本書のテーマは熱狂的なファンの創り方です。

そこには「こうすればＯＫ」というステレオタイプなノウハウなどはありません。

しかし、たったひとつ言える、いえ、言い切れること。

それはベルクとも共通するフィロソフィー。

絶対に揺るがない、譲れないものを持っているかどうか？　だと思うんです。

「蒙古タンメン中本」にはそれがあります。

辛いものが好きな人に辛くておいしいものを届ける。他に浮気はしない！　そう決めた瞬間、「中本」ワールドは魂を得たのだと思うんです。

辛いもの好きの聖地「蒙古タンメン中本」は、これからも辛さと旨さのミックスで熱狂的なファンを楽しませていくと思うのです。

自分がたどった道をお客さまと一緒に歩く。そう覚悟を決めた瞬間、共通の思いでつながるシンパができます。

あとはその仲間が喜ぶ商品を徹底して提供すればいい。

あまりにも自分が、自分が、というエゴは嫌われます。けれども、自分がこの商品に出合った時の感動を伝えたい、自らがたどってきた道をお客さまと共有したい、そう願えば、自分が何をするべきか見えてくるはずです。「中本」はその考えが正しい事を証明してくれてもいるんです。

レタスしゃぶしゃぶで歌舞伎町を制圧！「レタスしゃぶしゃぶ吟」

東京新宿は歌舞伎町、そのかなり奥まった場所に、レタしゃぶ専門店、「吟《ぎん》」はあります。

周囲はちょっと怪しい雰囲気の漂う場所。歌舞伎町に詳しい人しか足を運ばないくらいのちょっとドキドキする場所です。

ところが、この「吟」。連日、満席状態で歌舞伎町でも屈指の人気店なんです。

そもそもは「郷土料理　吟」として九州のおいしいものを取りそろえる店ですが、今はレタスしゃぶしゃぶ＝レタしゃぶの店として名を馳せています。

このレタしゃぶ。ホームページには『深いコクとともに懐かしくてクセになるスープで頂く「レタしゃぶ」。選りすぐりの豚肉と新鮮なレタスを使用した自信の一品です』と書かれています。

この店のお客さまでレタしゃぶを頼まない人はまずいない、圧倒的代表的メニューです。このレタしゃぶ。ある意味、ひょんなことから生まれました。

■厳しい経営状態を救ったのは、レタスだった

ある時期、キャバクラブームというのが起こりました。

ご多分に漏れず歌舞伎町にもその波が押し寄せます。というか歌舞伎町こそがメッカでした。

当時の「吟」は普通の郷土料理の店。鍋料理も用意していましたが、ラインナップ的には、さほど何の変哲もない一般的な鍋のみでした。

で、**経営状態は決して楽ではない。このままではそこそこの店で終わってしまう。**

そこでオーナーは一計を案じます。

「キャバクラが増えるってことは、**若い女性がこの歌舞伎町に増えるということだ。そこを当て込んで何か目玉メニューが作れないだろうか?**」

で、女子が好むヘルシーというキーワードで、ヘルシーな鍋＝野菜中心の鍋を開発しようと思い立ちます。

ですが、いざ始めてみると、これがやたらと難しい。

普通に白菜とかではつまらない、ほうれん草・小松菜ではえぐみが残る。キャベツは他の料理でいつでも食べられる、ネギでは好き嫌いがわかれ過ぎる、トマトも好き嫌いがはっきりする、根菜では見た目が美しくない……。

野菜を中心にした鍋ですから、いろんな野菜を試してみます。しかし、どれもいまいち、納得いくものになりません。

「もうダメか！　これと言ったものはできないのか？」と諦めかけたとき、まさか！　と思っていたレタスがピッタリということに気づきます。

まさかレタスが鍋に合うとは？　レタスは生で食べるもの、あくまでもサラダのメイン、それが通念です。

そもそもレタスに熱を加える発想が……無い。

しかし、やってみたら、実に面白い食感だし、「え？　レタス？」というインパクトもある。これはいけそうだ！　とオーナーは前を向きます。

■レタしゃぶを真似するライバル店があらわれたが……

レタスでいこう！　そう決めたら次はスープです。

これにはオーナーが惚れ抜いていた大分のある料理屋さんのスープが一番合うと思い立ち、何度も通い、お願いし、やっとの思いでそのスープの秘訣の半分だけを教えてもらいます。残りの半分は「吟」の個性を加えなさい！　とその店の料理長は言ったそうです。

それから試行錯誤を重ね、今のレタしゃぶができあがります。

ヘルシーでおいしく、しかも楽しく珍しい。価格もリーズナブル。キャバクラのホステスさんの間で、「吟」のレタしゃぶは評判を呼びます。

店に出る前にお客さまと一緒に食事をする同伴出勤、店が終わった後にお客さまに付き合うアフター。どちらにもぴったりだと、人気を博し、評判が評判を呼ぶ状態に。

キャバクラブームは予想以上にすごかった、と「吟」の板長は言います。

その波を受けて、レタしゃぶの人気はますます上がっていきました。

レタしゃぶは、そもそも、鍋ですから、お客さまとホステスさんがひとつ鍋を囲んで食べます。すると、必然的に仲良くなれるし、ホステスさんがお客さまに鍋をよそうことで、親密になれ、ホステスさんも優しさ、女性らしさをアピールできる。願ったり叶ったりの状況が生まれます。

ごま摺り器を使って、お客さまにごまを摺ってあげる。お客さまにとっては、これもなかなかうれしいもので、より親密さも増します。

レタしゃぶを季節商品にしてはいけない！　一年を通じて楽しめる目玉料理にしなくてはいけない！

そう考えたオーナーは日本中の農家さんを当たり、複数の仕入れルートを開拓します。結果、**『一年中いつでもその時に最高のレタスが手に入る！』という盤石の体制ができあがるのです。これこそがまさに企業努力です。誰にも真似ができません。ベルクがコーヒー、パン、ソーセージでそれぞれ名人を確保していく姿にも似ています。**

「吟」の成功を横目で見て、レタスしゃぶしゃぶを出す店はその後、あちこちで出てきました。表面だけを真似て、どうぞ！ っていう感じですね。

しかし、それではお客さまは納得できません。

常に最高のレタスを！ 秘伝のスープを！ 工夫に工夫を重ねた脇役素材を！ この三点セットが相まって、「吟」だけのレタしゃぶを作り上げているんです。

私も、他の店で食べてみましたが、これはもう……別もの。

「やっぱり、『吟』しかないよね？」と痛感します。

■レタしゃぶ一本に絞る凄みが、熱烈なお客さまを呼び込む

さて、そうやって頑張ってきた「吟」に思わぬ追い風が吹きます。

店の導線に無理があると判断したオーナーは、ある日、改装を決意します。

で、たまたま店を改装した際、半分の席を予約席、もう半分をフリーのお客さま用と分けたんですね。しかし、いかんせん決して広くはない店内。予約スペースがすぐに埋まってしまうわけです。結果……予約が取りにくくなる。

すると、知らず知らず、予約の取れない店という評判が立ち、さらに人気が沸騰したのです。

「吟」のレタしゃぶを知らずして歌舞伎町を語るな！　そんな風潮まで湧き起こります。いまや「吟」のレタしゃぶは、歌舞伎町のフラッグシップメニューとなりました。


「吟」の凄みは何よりも、レタしゃぶ一本にメインを絞っていること。

これが、あれもこれもといろんな鍋に手を出していたらどうでしょうか？

焦点はぼやけ、レタしゃぶのインパクト、口コミ効果も薄れ、少なくとも現在のように人気を博すことはなかったと思います。

経営的にはきつい部分もあると思いますよ。２０１８年の初めには、長引く寒波の影響で、レタス・キャベツ・白菜などの葉物野菜の価格が高騰しました。

が、「吟」はそれに負けない仕組みと信念で乗り切りました。

「レタしゃぶで街を元気にする！」、「救ってくれたこの街に恩返しをする！」という信念です。

「吟」の店内は今日も、レタしゃぶを楽しむお客さま達で賑わっていることでしょう。

流行は追わずに創るもの。「吟」の仕事ぶりを見ているとこの言葉が浮かびます。

流行っているから真似る！　売れているから扱う。そこには主体がありません。

が、何が何でも！　の覚悟で生み出した目玉商品には主体があります。だから流行を生み出します。

真似されてナンボ！　そう決めて生み出された商品はライバルを不在にします。真のオンリーワンです。

あなたも覚悟を決めて、目玉商品を創ってみませんか？

品質に妥協しない！

品質のよさって、一体どうやって決まるんでしょうか？

それは、誰が保証しているか？　だと思うんです。

ベルクになぞらえていえば、3人の職人がてがけ、それをベルクのスタッフが試し、迫川尚子さんを中心にスタッフみんなで保証をする。そんな流れです。

いくら自分が、「これは素晴らしいよ！」と声高に叫んでも、それでは決して伝わりません。「あ？　そうなの？　勝手に言ってなさい！」とでも言われてお終いです。

加えて、提供する側の熱意です。本気を伝えること。本気が伝わらなくては、それは遊びであり、ただの手前勝手です。

よいものは、そのよさを信じる人から他の人に伝わります。

キチンと伝えれば伝播するし、連鎖が起きます。

本章で紹介する2つの事例から、質を決める線引き、質を伝える面白さと、さらにその重要性を感じてください。

仲買との徹底した信頼関係構築が、世界で活躍する著名人を魅了する「亀喜寿司」

宮城県は塩竈市に「亀喜寿司」という寿司屋さんがあります。僕は日本一好きな寿司屋さんといっていますし、この店の寿司を食べるためだけに、塩竈市まで出向くこともしょっちゅうです。

時折、仲間達や教え子を伴ってツアーのようなこともやりますが、同行した全員が異口同音に、「また来ます！」といってくれます。

■行くたびに、いつも泣きそうになる寿司屋

僕は「亀喜寿司」の親方が、まるで見てきたかのように地元宮城の海を語るときに、何度も泣きそうになります。地元愛をこれほど強烈に感じさせてくれる職人さんはそうそういないと思います。

親方は毎日、地元の市場を歩きます。ベテランの料理人には現場に顔を出さない人も多いようですが、親方は違います。

で、必ず馴染みの仲買さん、地元の海のプロフェッショナルである仲買さんと語り合います。そうした中で、正しい意思疎通が生まれ、仲買さんはとっておきの情報をくれます。

仲買さんは当然ながら漁師さんとつながっています。漁師さんは地元の海を知り尽くしていますから、漁師さんしか知らない情報がたくさん入ってきます。

そうして得た情報を親方はお店でお客さまにあますところなく伝えてくれます。他では絶対に聞けない魚介の話や、毎日、海に出ているからこその臨場感のある話。地元の海を誇る気持ちがひしひしと伝わります。

だから僕は不思議と、泣きそうになるのかもしれません。

■運命共同体の取引先をつくるということが、品質を決める

仲買さんについて考えてみましょう。

寿司屋さん、とくに「亀喜寿司」にとって、仲買さんの存在は本当に欠かすことができない存在です。

二人三脚というか、一蓮托生というか、運命共同体のような存在です。

そんな強固な関係を作り上げるために親方は徹底した深い付き合いをします。

毎日のように会って、自らの思い、こだわり、意思を伝え、それに共感してくれる仲買さんとだけ取り引きをします。

そこには単にお金の付き合いだけではない、圧倒的な太い「心のパイプ」があります。

意気投合した仲買さんを親方は徹底的に信じます。信じて信じて信じ抜きます。

だからこそ、仲買さんも一生懸命です。これなら亀喜さんも満足してくれるだろう！という食材しか売りません。

この辺り、ベルクと職人さんたちとの関係によく似ていますよね。

親方は言います。

「仲買さんにとって自分がナンバーワンの位置づけになれば、ナンバーワンの商品を出してくれる。二番手には二番目の商品しか回ってきません。自分のために仲買さんが商品を選んでくれるんだから、絶対に値切らない。自分の好みを100%知り尽くしてくれている仲買さんは100%信じなければいけない！」と。

こうやって届いた商品を「亀喜寿司」はお客さまに提供しているわけです。

おいしくないわけがありません。

こうして、「亀喜寿司」のクオリティーは維持されていくわけですし、仲買さんとの付き合いそのものが、亀喜品質を作り上げているわけですね。

あなたは取引先に、このような真摯な向き合い方ができていますか？

少しでも利益を確保しようと、相手の足もとを見るような値引き交渉をしたりしていませんか。どんなときも確かな品質のものを手に入れようとするなら、それはあり得ないことです。

■塩竈の、有名なのに隠れ家

「亀喜寿司」の品質に対するこだわりを示すエピソードを少ししましょう。

「亀喜寿司」には地元出身のプロスポーツ選手や著名人がよくやってきます。

プロゴルフで世界的に活躍している某若手選手もそのひとり。結婚祝いを「亀喜寿司」でやったそうです。

プロ野球セ・リーグで何度もセーブ王に輝いたあの元大リーグ投手も常連さん。現役時代から多くの知り合いを連れてきてくれるそうです。

日本を代表する自動車メーカーの社長さんや宮城県の要人の来訪もしょっちゅうです。

こうした地元出身、地元立地の人たちに「亀喜寿司」が愛されるのは、ここまで話してきたことを踏まえれば、それは当然のことかもしれません。

■地元、塩竈を盛り上げるため、ライバルの同業種と連携

「亀喜寿司」のエピソードをさらにひとつ。

塩竈には寿司街道と呼ばれるエリアがあります。お寿司屋さんがズラリと並ぶ、ある意味、塩竈の名所です。「亀喜寿司」もその一角にあります。

その寿司街道に立地する寿司屋さんの音頭を「亀喜寿司」の親方が取り、地元を盛り上げるため、塩竈自慢のマグロを使ったオリジナル丼を各店が提供するフェアを立ち上げました。このときは12店舗が参加してくれ、自慢のマグロ料理を競いました。

もちろん言い出しっぺの「亀喜寿司」が最も高いクオリティーで皆を引っ張らないと誰もついては来てくれません。

「亀喜さんがあれだけのことをやるんだから、うちも負けられない！」と、ここで全体のレベルアップが起こるんです。

店ごとにそれぞれ工夫を凝らした丼はすべて食べてみたくなるクオリティー。地元、塩竈の海を愛する、親方たちの思いが結晶した12の丼となりました。

■震災すらも味方につけて、地元の海を売る

不幸なことに巨大な地震と津波が日本を襲いました。2011年3月のことです。そしてその被害を最大に受けたのが三陸地域です。

この津波は三陸の海の水質までをも変えてしまいました。

それまで潤沢に獲れていた魚がどうやっても獲れなくなったり、それまでこの近辺では見かけなかった魚が獲れるようになったりしていました。

もちろんその影響は寿司屋さんにも及びます。

漁獲総量は明らかに落ちています。獲れなくなった魚もたくさんいます。が、そこでへこたれていてはいけない。

この状況の中でやれることをすべてやる！　常に地元の海を見つめながら、どんなに厳しい環境でも、最高のものを提供する。親方はそう決意し、寿司を握り続けました。

そしてそれを支えてくれていたのが仲買さんです。

変化する水質、海の中で何が起こっているのか？　それを漁師さんを通じて把握するの

は仲買さんの力。

その力に支えられて、そのとき地元で一番おいしい魚を使った寿司を、お客様に提供することができたのです。

他と同じレベルに甘んじない。自分だけの独自性、強み、売り物を見つけること、それが何より重要です。

他の店や会社と同じモノを扱い、同じモノを売っても、お客さまに熱烈に愛してもらうことは叶わないでしょう。

この点、「亀喜寿司」やベルクには、自らの思いや、こだわり、哲学に共感してくれる取引先がありました。

あなたのお店や会社ではどうですか?

いつもお世話になっている取引先に、あなたが理想としている商品やサービスについて、熱く語ってみませんか?

もし取引先が共感してくれたのであれば、その共感はきっとお客さまにも伝わるはずです。その共感を目に見える形にしたものが、変わることのない品質なのです。

好きな蔵元への尋常じゃないこだわりが、信じられる品質となる「地酒屋こだま」

東京は大塚という駅。そこからしばらく歩いた場所に、小さな酒屋さんがあります。「地酒屋こだま」です。この店こそ、まさに品質に妥協しない店。

店主、児玉さんのこだわりというか、信念にはまさに頭が下がります。

ホームページにある店主、児玉さんの挨拶をのぞいてみましょう。

僕は、たとえ小さくても、無名でも、頑張ってる蔵の酒が大好きです。有名なお酒は（たいへん申し訳ございませんが）他所《よそ》様で買ってください。その代わり、うちで扱っている地酒のことなら何でも聞いてください。どんな人がどんな場所でどんな想いを込めて造ってるのか、聞いてください。

それを知って飲んで貰えるとうちのお酒たちはきっと美味しさが倍増します。僕自身が酒に惚れ人に惚れ蔵を訪ね、心の通じ合った蔵元の酒だけ扱います。美味しさの向こうに造り手の顔が見える地酒たちを広めていきたい…！

地酒屋始めて9年目のぺーぺーですが、どうぞよろしくお願い申し上げます。

ね？　譲らないでしょ？

児玉さんはギターと山とスキーに明け暮れた20代に日本酒に目覚めました。

そして30代のサラリーマン時代に本格的に日本酒にのめりこみました。

日本酒の「ほんとう」を伝えたくて酒友と「お酒の会」を始めました。3年間で50回以上の会を開催しているうちにもっとのめりこみました。

日本酒がつなぐご縁をたどっていたら、40代でいつの間にか酒屋を始めていました。

■日本酒しか置いていない酒屋

児玉さんは「酒は生涯の友、友は生涯の宝」というブログで情報発信をしています。

そのブログには、まさに日本酒への愛情エネルギーがみなぎっています。恐ろしいほどです。https://ameblo.jp/take9243/

蔵元と、杜氏と一緒に悩み、酒を思い、飲む人を思い、そこから生まれた「自らの意思」を書き綴っています。

彼の「好きな日本酒を広めたい」という思いは、単にお酒を売るという活動だけでは収まり切れません。彼のこだわりは、ある種、明快です。ホームページにはこんな〝宣言文〟があります。

□地酒（日本酒）専門店です（約50蔵、約250種類）

焼酎やビール、ワインなどの扱いは一切ございません、ご注意ください

□いわゆる「淡麗辛口」のお酒は少なく、旨み重視のお酒がメインです

米から造る酒は米の甘みがあって当たり前、辛口カラクチに煩いお客さまは他店に行った方がいいかも…

□店内の在庫ほとんどすべてを無料で試飲できます（5〜10㎖程度ずつ）

ただしほとんどは「開けたての味」ではありません（開けたてはそれより味が閉じて!!スッキリしています）

□可能な限り、1・8L（一升瓶）と720㎖（四合瓶）の両方を揃えています

中には1・8L専用、720㎖専用商品もございますが、それ以外はほとんど両方揃えています

□流行は追わず、「蔵と結婚した気持ち」で各蔵の酒を扱っています

流行の酒ばかり追って取引蔵を大切にせず、ほいほい乗り換える商売上手の酒屋は大っ嫌いです

□一本ずつの特徴や肴との相性、季節毎の変化を店主が把握して販売しています

全ての酒をテイスティングし知り尽くしています、味を知らずに酒を売るなんて考えられません

■あなたもピエール・カルダンを目指そう

僕はこれを読んでピエール・カルダンの言葉を思い出しました。僕が座右の銘にしている言葉です。

『**敵が多い。だからわたしは幸せだ**』

カルダンはその多才がゆえに、アパレル以外の多くの仕事を手掛け、結果、業界からはバッシングを受けました。

が、それはすべて嫉妬、やっかみであることをカルダンは見抜いていました。

やりたいことがあっても勇気がなかったり、前例がないというだけの理由でやりもしない奴らの意見など聞く必要もない。カルダンはそう喝破します。

そして、真の意味の我が道を行き、誰も真似できない実績を作ります。

これだけのことをハッキリ言い切るのですから、正直、児玉さんに敵は多いでしょう。ズバズバ言い過ぎるその語り口は痛快ですらありますし、胸の苦しくなる酒屋さんも多いと思います。

しかし、児玉さんは書きます。語ります。それが「こだま」クオリティーの源泉であり、自分の意思を伝える唯一のよりどころだからです。

僕の敬愛するコピーライターの巨匠、仲畑貴志先生の著書に、『みんなに好かれようとして、みんなに嫌われる。(勝つ広告のぜんぶ)』というタイトルの本がありますが、その真逆をいくのが児玉さんです。

外に向かって言えば言うほど、自分でもやらなくてはいけなくなる。児玉さんはそうやって自らを追い込んでいるのかもしれません。まさに日本酒業界のピエール・カルダンですね（笑）。

□本当にあなたの商品・サービスが好きな、真のお客さまと出会うには

さて、そんな児玉さんのリアルに触れる機会があります。語り口は柔らかいですが、このズバズバを体感できる機会があるんです。それが日本酒ともろもろのテーマを合わせたお酒の会。まさに児玉さんの独擅場です。

この紹介文があまりにも切れ味鋭くて面白いので、紹介しちゃいます。

お酒のことや造り手のことをもっと知ってもらいたくて、アマチュアの頃から10年以上いろいろな会を３００回以上（数えたことないけどたぶんそれ以上…笑）一回一回に気持ちを込めて開催しております。

大切にしているのは「ただの飲み会にしない」ということ。

（そういう会を否定するつもりはありませんが僕は好きではないのです）

造り手がゲストならその想いを120%伝えたいし、食材がテーマならその魅力を120%伝えたい。

そんなことをいちばん大切に開催しています。

なのでゲストの話そっちのけでお喋りするなんてもってのほかだし、料理とお酒に関係ない四方山話がしたいならわざわざ会に来る必要はないし、そんな姿勢なので「そういうお客さま」は申し訳ないけど他の会に行っていただきたいのです。

こういうこと書くと「私語厳禁なんですか?」とか言う人いるけど、そんなわけないでしょ(笑)。

終始笑いに包まれておりますし、ぜんぜん堅苦しさはありません。要するに「当たり前の常識と気遣いを持って会に参加してくださいね」ただそれだけです。

そして全ての会が禁煙です。期日内のキャンセルはもちろん受け付けますが、安易な気持ちでの予約とキャンセルには否定的です。

お互いにモラルとルールを守って、気持ちよく楽しめる会をめざしております。

行ってみたくなったでしょ？

この会、僕も何度も参加させていただいていますが、出してくる酒がそもそも違います。採算がとれるとはとても思えない内容の濃さとクオリティーです。

こうして「こだま」ワールドは本当の日本酒好きの心をとらえます。そして蔵元からの信頼を勝ち得ます。

信じた道を貫き通すのは決して楽ではありません。が、必ず真の仲間ができます。そうして一緒に作っていくのが品質というものなのかもしれませんね。

あなたのお店・会社でも商品やサービスへの愛を熱く語ってください。きっと応援してくれる取引先やお客さまが現れるはず。そう、「地酒屋こだま」やベルクのように。

饒舌である

言わないことは決して聞こえません。そして、聞こえなければ言わなかったのと同じ。すべて〝無〟です。

よく、ろくに伝えもしないで、情報を発信もしないで、「お客さまに伝わらない、わかってもらえない」と言っている人、店、会社がありますが、あれは愚の骨頂。勇気をもって伝えればいいんです。

しかし、伝えるには、ある種の技術とか、また、伝えた後を想像する覚悟も必要です。伝えることには必ず反発が生じます。どんなに素晴らしいことを伝えても、ぼろくそに言われる場合もあります。

恐れていては何もできません。伝えることの大切さ、本気で語ることの重要性はベルクを見ていればわかるはずです。

さて、本気で伝えるにはどんなやり方があるでしょうか？　ここでは2つの事例をとおして、伝えること、語ることの価値と意義に触れて欲しいと思います。

伝えるべきことをしっかり伝え、8割のリピーターをつかむ「再春館製薬所」

「ドモホルンリンクルは、初めての方にはお売りできません」

これ、化粧品メーカー「再春館製薬所」の広告コピーです。

メーカーは商品を作る会社。そしてその商品が売れなければ成り立たないわけです。ですから、気持ちはいつも「買ってください」なわけです。

ところが、そのメーカーが、「お売りできません」というのです。

もちろん意味はありますよ。堅い言い方をすれば、ダイレクトマーケティング的技法を生かした手法です。でも、それにしても……です。

□「お売りしません」という戦略

化粧品メーカーにとって、最大の敵は何でしょうか？　もっとも起きて欲しくないことってなんでしょうか？

そう、肌のトラブルです。

化粧品がお肌につけるものである以上、このトラブルは決して避けては通れません。

さて、どうするか？　**どうすれば「肌に合わなかった」というトラブルを避けること、最小化することができるのか？**


そう考えた時、「再春館製薬所」は、「お売りできません」という戦略に舵を切りました。


本物の商品と内容は寸分たがわないミニサンプルをつくり、申し込んでくれたお客さまに無料進呈する。

そして、実際に使ってくれた上で、「これなら自分の肌にも問題なし」と確認できた人だけに、本商品をお売りする。

これ、とてつもなく勇気のいることだし、コスト面でも大きな負担を強いることになります。

が、「再春館製薬所」はそこに踏み込んだ。

これが、会社として、一番伝えたかったことだからです。

結果、押しも押されもしないメーカーになったし、ここからは私の推測ですが、肌トラブルに対応するコストも他のメーカーと比べるとおそらく極めて低い。つまり、経営面でのメリットも相当大きいのではないか？ と思うんです。

■言わなければ伝わらない。だから、いろんな角度から伝える

さて、「再春館製薬所」のテレビコマーシャルにこんなフレーズがあります。

『ドモホルンリンクルをつくる工場のラインは、毎日4時間消えてなくなります。それは徹底的に洗浄するために、全部で198点にも及ぶ部品をバラバラに分解するからです。』

これもまた「再春館製薬所」の伝える力。

だって考えてもみてください。工場は稼働してナンボの世界。稼働率の高さこそが、工場の価値。そんな側面もあるわけです。

けれども、「再春館製薬所」はあえて、「工場が消えてなくなる」、という表現をします。これ、マーケティング的に言うと「先制の戦略」と呼ばれるものです。業界他社が言わなかったことを初めて言うことで、インパクトを高めるという戦略です。「工場を停める」という事実を「工場が消えてなくなる」と表現しているわけですね。

それから、『ドモホルンリンクルは手術室で作っています。もちろん実際の手術はしませんが、外科や耳鼻科などの一般の手術ができるレベルまで整備したクリーンな環境で製造しています』と語っています。

これも、ある意味、「わざわざ言わなくてもいいんじゃないの?」という部分かも知れません。ですが「再春館製薬所」は言うことにしました。

やはり、言わなければ伝わらないことは多いし、言わないでおいて、伝わらなかったと後悔するのは間違いだからです。

最近は、サンプルを手にして、使ってみて、効果を実感するまでの楽しさを訴える、「ためす・たのしむ・たしかめる」篇をオンエアしています。

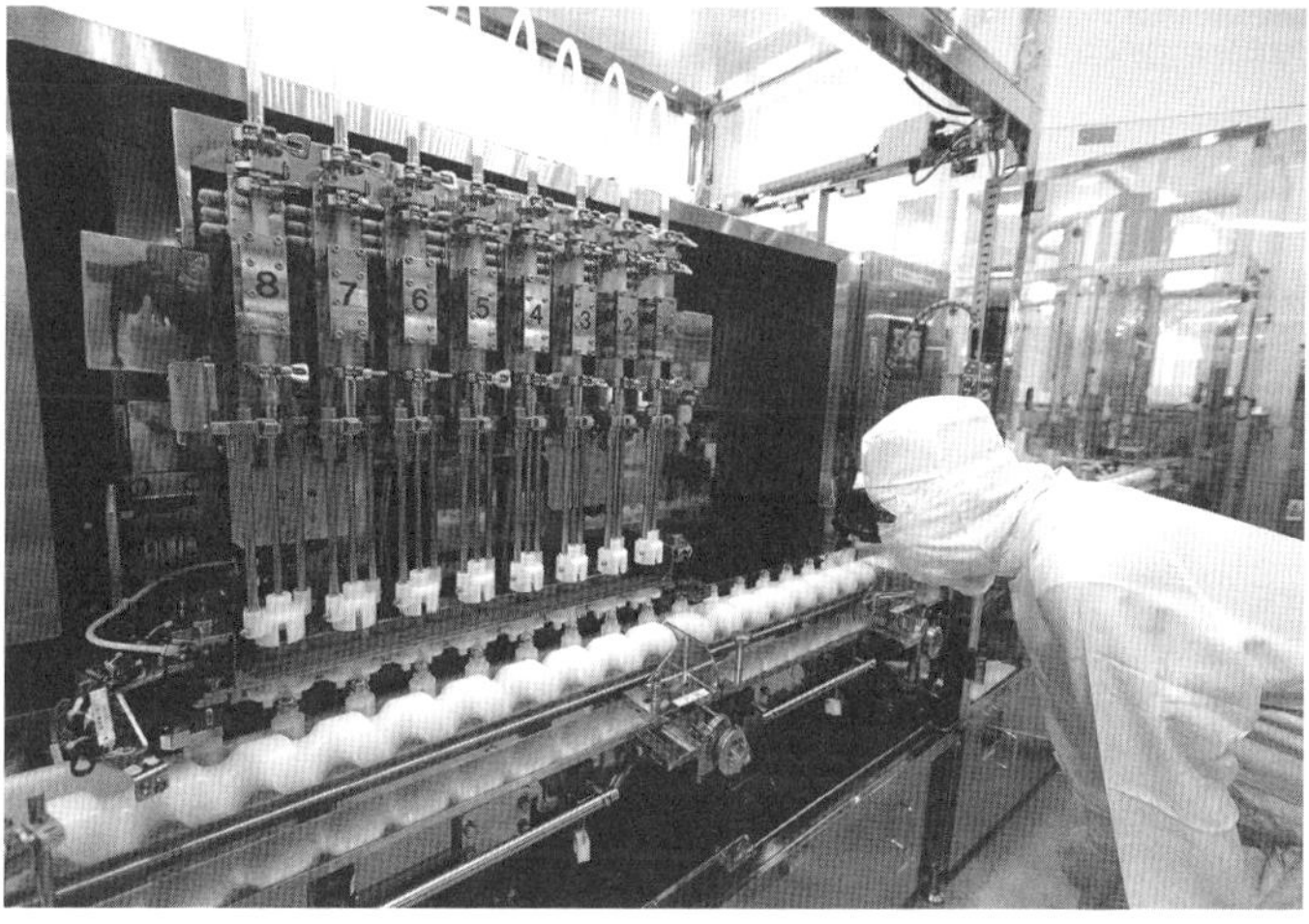
8
7
6
5
4
3
2

こうしてちょっと調べてみると、「再春館製薬所」の広告は、実にいろんな角度から、お客さまの気持ちに切り込んでいます。本当にいろんな広告を作っています。

見れば見るほど、「再春館製薬所」の熱意、お客さまに向ける思い、商品づくりにかける真摯さ。そういったものが垣間見えるようにできているんです。

「あ〜、まじめな会社だな〜」

それが「再春館製薬所」がお客さまに知ってもらいたい部分。そのために、これほどいろんな角度から伝える努力をしているわけです。

まじめに見て欲しいからといって、「当社はまじめな会社です」と語っても、絶対に伝わりません。

しかし、**こうして角度を変え、熱意や姿勢を見せていけば、いつかその総量が足し合わさって、「まじめさ」がキチンと伝わる。**

ですから「再春館製薬所」は饒舌です。

けれども、ただのおしゃべり好きでは決してありません。

今、その時、その時期、一番伝えなければいけないことを、キチンと整理し、序列をつけ、成果を最大にするべく計画を立てています。

そしてその成果により、リピーターを増やしていく。

これが「再春館製薬所」の戦略です。

どんどん製品を作り、次々に広告を展開し、タレントを変え、表現を変える。そうして、次々に売り上げを上げていく。これが普通のメーカーの姿です。

しかし、そこに「売りません」「工場が消えてなくなります」「手術室でつくっています」のような、ある種のアンチテーゼを放つ。これが伝え方の要です。

ただここでいうアンチテーゼとは、非常識とか自分勝手とはまったく違います。

マーケットにあふれている、手垢のついた死んだ常識、過去の形骸、盲目的に信じられている一般論。こうしたものに鋭い目を向け、「ここ、おかしいよね？」と提起する。

そこがポイントです。そしてなにより、自らがそれを信じて実践、継続する信念。

それがなければ成果にはつながりません。

いわば、これまでになかった、あるいは誰も気づいていなかった「新しい常識」という線路を敷きなおす作業といえるかもしれませんね。

とんかつ屋なのに、キャベツでお客さまを納得させる、凄腕の伝え方「とん久」

東京は高田馬場、早稲田大学のおひざ元に、僕が大好きなとんかつ屋さんがあります。店の名を「とん久」といいます。

この「とん久」、お客さまに対する情報の差し出し方がべらぼうに上手。コピーライターでもある僕も、本当に教わることばかりです。

例えば、**入り口の脇をふと見ると、『やわらかい春キャベツになりました。（神奈川県三浦産）ひと口めはなにもかけずに。甘さを味わってください』という表示**があります。

やられます、完全に。

■畳みかけるようなストーリー仕立てのコミュニケーション

この店のワールドに取り込まれて、キャベツへの期待も高まります。で、席に案内されて座ります。すると、追い打ちがきます。

『三浦育ちの春キャベツです。おかわりをどうぞ！』というフレーズが、生産者の方が広い農園に立っている写真と共に書かれています。おかわりするしかないですよね。

で、その横を見ると、春キャベツの詳細な解説が、実にびっしりと丁寧に書かれ、加えて、豚肉の説明と胡麻の説明がされています。

この畳みかけるような、ストーリー仕立てのコミュニケーション、正直、只者ではないです。

さて、ランチタイムに行列に並んでみましょうか。ランチメニューの説明書きが、なぜか2カ所にあります。

入り口から向かって左側に、ランチメニュー3種類の表示。そして、向かって右のディスプレイ側にも同じ内容の表示と、2カ所に同じ内容の表示があるんです。

どうしてだろう？　なぜ、同じモノが2カ所にあるんだろうか？　と考えてみました。

多分、多分ですが、この店は行列ができる店だということが関係しているように思います。たとえば、ランチメニューから食べたいモノを選ぶ際、遠い位置にメニューがあると、列から外れて見に行かないといけません。

列を離れるのって、とても不安でしょ？　また並びなおさないといけないなんて、実に困る。

でも、2カ所にあると、たいていの場合どっちかが自分の近くにあることになる。つまり、列を離れないで済む。この気づかいだと思うんです。

■たった1枚の紙で、当日リピーターを生み出す

それから1日15食限定の夕方5時からしか出会えない、しょうが焼き定食の表示も目につきます。

これ、ランチタイムに目にすると僕なんか気が狂いそうになります。だっておいしそうで、ぜひ食べたいのに、5時以降の限定メニュー。しかも15食限定。あ〜〜〜、夕方また来なきゃ！　となります。

何もしなくても、たった1枚の紙で、「当日リピーター」を生み出してしまう。この店、このくらいのことは簡単に発想する店なんですよ。

目線が、完全にお客さまを向いています。

お客さまと一体化してるというか、同じレベルで物事を考えているというか……。

なかでも特筆モノが、テーブルの上にあるドレッシングの説明。2種類が選べるのだけれど、「キャップを押さえ、よく振ってください」と書いてある。

で、すごいのはその先。「中身が完全に混ざり合ったとき、本来の味が出ます」と書かれている。いや〜、脱帽。


そして、**ある意味、極めつきがこれ。店の開店時間。**

そう、この店、なんと、開店時間が11時25分。

11時半ではなく、5分だけずらした25分。

これ、わかりますよね？

周辺の店をリサーチすれば一目瞭然。ほとんどの店が11時半からです。

ですが、「とん久」はそこから5分だけ早い。

お昼を早めに食べに出ようか？ と近隣の勤め人が思った場合。みんな11時半からだと、ぶつかっちゃいますよね？

ですが「とん久」は5分だけ早い。だからそれを知ってる人は、先に「とん久」に入っちゃう。だって他が混み始める前に、席に着けるんですからね。


キャベツひとつさえ添え物にせず、実に大切な「主役のひとつ」として扱っている。この店の凄みは正直、行ってもらうしかない。驚いて欲しい。そう思います。

例えばPOPひとつとってみても、生かすも殺すも書く人次第です。

POPは単に商品の説明をする道具ではありません。あなたのこだわりとかお客さまに知って欲しい事を書くメッセージボードです。

「〇〇の品：〇〇〇円」ではなく、「淡路島から今朝届きたての玉ねぎ。甘いのでお子さんが玉ねぎ好きになります」と書く。

メニューブックには、調理する料理人の思い、こだわりを添えてあげる。

「醤油ももちろんおいしいですが、塩竈の藻塩で食べるとベストマッチ。口の中が海になります！」みたいな。要は意思を込めるのが店内に掲示するツールの要点なのです。

しょうゆ味
キャップを押さえ
よく振って下さい
中身が完全に混ざり合ったとき、本来の味がでます。
自家製
ドレッシング
トマト味

おわりに

どうでしたか？　ベルクのイズム。伝わったでしょうか？

一生懸命に書きました。

けれども正直言って、ベルクの本当のすごさは、言葉だけでは伝わらないとも思います。

ベルクのベルクらしさは、やはり現場でしか味わえないからです。

もし、時間があれば、新宿駅の地下にある小さなお店、ベルクに行ってみてください。

そして本書に書かれている、ベルクがもつプリズムのような魅力を体感してほしい。

ベルクの唯一無二のあり方を、あなたのお店や会社に移植していくとき、本書が羅針盤となってくれることを祈っています。

もしあなたがベルクに来たら、店の中をぐるりと見渡してみてください。

雑然とした中に、ポツンと座っている僕が見つかるかも知れません。

そうしたら声をかけてください。

おいしいビールを呑みながら、おいしいおつまみを堪能しながら語り合いましょう。

ひょっとしたら店長の井野さん、副店長の迫川さんも顔を出してくれるかもしれません。

ベルクのアイスミルクが恋しい、暑い夏の朝に……。

中山マコト

本書で書ききれなかったベルクの秘密や楽しみ方を、読者特典として公開しています。
詳しくはLINE@アカウント『「ベルク」現代書林 編集部』を「友だち登録」してください。

新宿駅《しんじゅくえき》の小《ちい》さな店《みせ》ベルクは、なぜいつも満席《まんせき》なのか？

2018年10月3日　初版第1刷

著　者 ―――― 中山《なかやま》マコト
発行者 ―――― 坂本桂一
発行所 ―――― 現代書林
〒162-0053　東京都新宿区原町3-61　桂ビル
TEL／代表　03(3205)8384
振替00140-7-42905
http://www.gendaishorin.co.jp/

ブックデザイン ―― 西垂水敦・坂川朱音(krran)
撮影（カバー・オビ・p.21～92）
―― 迫川尚子
画像提供（p.181）―― 再春館製薬所
企画協力 ―――― 高橋秀樹

印刷・製本　㈱シナノパブリッシングプレス
乱丁・落丁本はお取り替えいたします。

定価はカバーに
表示してあります。

ISBN978-4-7745-1722-3　C0034